Poesia com Coisas

Coleção Debates
Dirigida por J. Guinsburg

Produção e revisão — Plinio Martins Filho

marta peixoto
POESIA COM COISAS

(UMA LEITURA DE
JOÃO CABRAL DE MELO NETO)

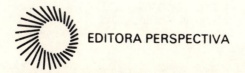

Editora Perspectiva

Copyright by Editora Perspectiva S.A., 1983.

EDITORA PERSPECTIVA S.A.
Av. Brigadeiro Luís Antônio, 3.025
01401 - São Paulo - Brasil
Telefone: 288-8388
1983

SUMÁRIO

Introdução: "Poesia com Coisas" 9

1. "Falando intransitivamente: *Pedra do Sono* e *Os Três Mal-Amados* 15

2. "Coisas claras": *O Engenheiro* 37

3. "Cultivar o deserto como um pomar às avessas": *Psicologia da Composição* 53

4. "Fazer com que a palavra leve pese como a coisa que diga": *O Cão sem Plumas, O Rio,* e *Morte e Vida Severina* 83

5. "O estilo das facas": *Paisagem com Figuras* e *Uma Faca só Lâmina* 113

6. "Os dez mil dedos da linguagem": *Dois Parlamentos, Quaderna,* e *Serial* 137

7. "No idioma pedra": *A Educação pela Pedra* 173

8. "De armas e alma em riste": *Museu de Tudo* e *Escola das Facas* 201

Para Jim e Daniel

AGRADECIMENTOS

Este livro foi, em sua origem, tese de doutorado em Literatura Comparada, defendida na Universidade de Princeton em 1977. Dentre as muitas dívidas em que incorri ao longo do meu trabalho, registro aqui as principais.

Agradeço a Silviano Santiago, que pôs-me em contato com o Programa de Tradução da PUC do Rio, e a Maria Cândida Diaz Bordenave, diretora do Departamento de Letras naquela ocasião. As alunas Valéria Duboc Andreiolo, Ana Lucia Ferreira, Claudia Marcia de Sant'Anna, Maria Inês Arieira Harris e Maria Luiza Novello, traduziram a tese do inglês. Agradeço a todas o trabalho cuidadoso e exato. Essa versão foi por mim revista, modificada e em parte reescrita, no processo de transformar a tese em livro.

Na Universidade de Princeton, agradeço ao "University Committee on Research in the Social Sciences and the Humanities" que concedeu-me bolsa para uma viagem de pesquisas ao Brasil em 1979 e o parcial financiamento desta edição.

Minha dívida maior, cujo déficit felizmente continua crescendo, é para com James Irby. Agradeço em especial o estímulo reiterado, a leitura criteriosa de cada capítulo, e a inteligência e precisão dos seus comentários.

INTRODUÇÃO:
"POESIAS COM COISAS"

Em um dos poemas de *Museu de Tudo*, João Cabral de Melo Neto se refere com nostalgia a "seu dom antigo / de fazer poesia com coisas"[1]. Mas na verdade a riqueza de substantivos de referência concreta sempre tem sido uma característica definidora de sua linguagem, desde *Pedra do Sono* (1942) até *A Escola das Facas* (1980), sua mais recente coletânea. O que se pretende neste trabalho é acompanhar a trajetória da poesia, assinalando esta linha mestra em suas diferentes manifestações e destacando o *fazer* da poética de João Cabral.

Os substantivos concreto, como referentes ao mundo material e como componentes fundamentais da imagística, se evidenciam em toda poesia, mas na de Cabral assumem uma importância particular, tanto temática quanto estilística. Sua poesia evita análises do *eu* e vol-

---

1. João Cabral de Melo Neto, **Museu de Tudo** (Rio de Janeiro: José Olympio, 1975), p. 15.

ta-se para o mundo dos objetos, paisagens e fatos sociais. A maior parte de seus poemas indagam um objeto externo — uma coisa, um animal, uma pessoa, uma paisagem — criando descrições que se acrescem de valores simbólicos. Cabral, acreditando na eficácia poética das palavras concretas, fundamenta a sua poesia naquela função da linguagem que Ezra Pound chama *phanopeia*: "o lançar de imagens na imaginação visual"[2].

Apesar de demorar-se em observações de objetos e condições do mundo exterior, dos quais extrai lições de estética e de crítica social e até memo preceitos morais, a poesia de Cabral não revela o mundo físico em sua imprevisível variedade mas antes indaga com intensidade alguns de seus aspectos. Nos "perfis do concreto"[3] de João Cabral as mesmas palavras-tema — pedra, deserto, faca, sol — e suas inúmeras variações figuram com uma persistência quase obsessiva. Na evolução de seu conjunto de símbolos, os mesmos objetos presentes desde o início da obra vão reaparecendo, num intrincado jogo de permutações onde a repetição não implica redundância mas um acumular de novos significados.

Na crítica da obra de Cabral, que já conta com numerosos artigos e vários livros, alguns de grande valor, um comentário sobre o uso de palavras de referência concreta não é novidade. Já em 1943 Antonio Candido, em artigo sobre *Pedra do Sono,* assinala o papel predominante dos "substantivos exprimindo coisas" e a "tendência vamos dizer construtivista" de sua poesia[4]. Este aspecto da obra cabralina foi depois retomado e elaborado em contextos diversos pelos principais estudiosos do poeta. A contribuição que se deseja fazer com o presente ensaio é o exame do "fazer poesia com coisas" de maneira mais metódica e abrangente, acompanhando sua evolução na obra completa de João Cabral. Procura-se também mostrar, em maior detalhe do que os comentários sobre este tema que se fizeram até agora, o seu funcionamento na linguagem de poemas representativos. O uso de palavras concretas, com suas implicações tanto temáticas quanto estilísticas, chega a nível de programa estético. Como tal, torna-se

---

2. Ezra Pound, **The ABC of Reading** (New York: New Directions, 1960), p. 63.

3. Alfredo Bosi, **História Concisa da Literatura Brasileira** (São Paulo: Editora Cultrix, 1977), p. 524.

4. Antonio Candido, "Poesia ao Norte", **Folha da Manhã**, São Paulo, 13 de junho, 1943, p. 5.

um ponto de intersecção por onde se cruzam outras direções estéticas importantes, cuja especificidade e coerência este estudo também procura delinear.

Sem querer sugerir que há uma evolução estritamente linear, nem um progressivo aperfeiçoamento numa poesia que desde cedo se apresenta plenamente realizada, este trabalho vai delineando as modificações na poética de João Cabral, na qual as coisas concretas sempre desempenham um papel privilegiado. Como observa o crítico americano Jonathan Culler, "poderia dizer-se que toda poesia representativa — toda poesia que não se apresenta como ocorrência inteiramente mental — é alegórica: uma alegoria do ato poético, e das assimilações e transformações por ele realizadas"[5]. Procurando não descuidar o nível metalingüístico sempre importante em João Cabral, este trabalho, ao observar as diferentes funções das palavras concretas na construção do poema, focaliza as estratégias da mimese, o encadeamento da imagística e as oscilações no valor simbólico das principais palavras-temas.

Ao correr do comentário que acompanha a evolução cronológica da obra de João Cabral, este ensaio desenvolve simultaneamente duas direções teóricas. A primeira investiga a relação palavra-coisa no texto de Cabral, e a segunda, acrescentando uma terceira coordenada, estuda as dependências recíprocas entre a voz narradora (que poucas vezes se manifesta como um *eu)*, a palavra e a coisa. A poesia de João Cabral desautomatiza o nexo entre palavra e coisa, ao mesmo tempo que busca motivar o vínculo arbitrário que liga a palavra ao objeto, estabelecendo entre ambos uma relação de semelhança. Cabral define a mimese poética na obra de Berceo como "Fazer com que a palavra leve / pese como a coisa que diga" (Catecismo de Berceo", *Museu de Tudo,* p. 33), propósito também evidente na sua própria poesia, onde a linguagem parece moldar-se aos objetos ou condições que descreve. A palavra poética pode adaptar-se ao objeto pela imitação de suas características, como ocorre de maneiras diversas desde *O Engenheiro,* ou ainda pelo aproveitamento de certas características e mesmo insuficiências da linguagem. Para descrever a "meseta" da paisagem em Castela, Ca-

---

5. Jonathan Culler, **Structuralist Poetics: Structuralism, Linguistics and the Study of Literature** (Ithaca: Editora da Universidade Cornell, 1975), p. 178.

bral lembra a etimologia da palavra: "Se alguém procura a imagem / de paisagem de Castela / procure no dicionário: / *meseta* provém de mesa" (247)[6]. Em "A palavra seda" (159), Cabral recorre a uma palavra que desgastou-se no uso poético, tornando-se "impossível de poema". Cotejando seus significados banais com as propriedades sensoriais do objeto seda, o poema renova na palavra seu poder de expressão. Em *Uma Faca só Lâmina* Cabral busca a adequação da palavra poética à "ausência ávida" justamente pelo exame minucioso da inadequação da palavra ao referente. Para Cabral, a atenção aos objetos requer uma igual atenção à linguagem, e o aproveitamento de discrepâncias e surpresas que nela se escondem. Num dizer de Francis Ponge que se aplica perfeitamente ao poeta brasileiro, "Parti pris des choses égale compte tenu des mots"[7].

Vista de outro ângulo, necessário e complementar, a poesia de Cabral esboça também as relações entre um *eu* que se retrai e o mundo por ele observado, divulgando assim uma subjetividade que se revela mesmo ao parecer estar ausente. Depois de suas primeiras coletâneas (*Pedra do Sono, O Engenheiro* e *Psicologia da Composição*), e dos poemas épico-dramático dos anos 50 (*O Cão sem Plumas, O Rio,* e *Morte e Vida Severina*), a primeira pessoa durante vários anos raramente figura na poesia de Cabral. Em seu lugar aparece *ele*, ou um sujeito impessoal (*se, quem*) ou plural (*nós*), e em certos poemas não ocorre nenhum pronome pessoal referente a quem narra ou observa. No entanto, como explica Emile Benveniste, a subjetividade é inerente à linguagem e não se manifesta exclusivamente nos pronomes pessoais mas também em palavras que deles dependem, "que organizam as relações espaciais e temporais à volta do 'sujeito' tomado como ponto de referência: 'isto, aqui, agora', e suas numerosas correlações: 'aquilo, ontem, no ano passado, amanhã' etc. Têm em comum definirem-se somente em relação à instância de discurso em que são produzidos, sob a dependência do *eu* que aí se enuncia"[8]. Mesmo quando o *eu* desaparece, não se elimina a subjetividade da lingua-

---

6. Os números entre parênteses ao correr deste trabalho correspondem a João Cabral de Melo Neto, **Poesias Completas 1940-1965** (Rio de Janeiro: José Olympio, 1975).

7. Francis Ponge, **Méthodes** (Paris: Editions Gallimard, 1961), p. 20.

8. Emile Benveniste, **O Homem na Linguagem** (Lisboa: Arcádia, 1976), p. 61.

12

gem poética de João Cabral, que persiste como a parte submergida, menos evidente, do eixo eu-objeto.

Os críticos da poesia de Cabral discordam quanto a classificá-la ou não de lírica: Benedito Nunes se refere a uma "ruptura com o lirismo"[9], Luís Costa Lima a uma "antilira"[10], João Alexandre Barbosa a um "lirismo de tensões"[11] e Alfredo Bosi a "uma nova dimensão do discurso lírico"[12]. Se tentarmos definir as relações ambivalentes da poesia de João Cabral com o lirismo, é interessante pensar no que diz Jonathan Culler sobre uma das convenções que governam a leitura de um poema lírico. Esta convenção pode formular-se como "tente ler qualquer poema descritivo lírico como um momento epifânico. Se um objeto ou situação é o centro do poema, isto implica por convenção que é especialmente importante: o correlativo objetivo de uma emoção intensa ou o epaço de um momento de revelação"[13]. Além de sua dimensão metalingüística, o "fazer poesia com coisas" também revela a presença de uma subjetividade evasiva, cuja manifestação no texto poético de João Cabral este trabalho procura documentar, e que interessa não por suas eventuais conexões com o *eu* biográfico do autor, mas por seu funcionamento dentro do sistema de relações que é o poema.

A construção poética de João Cabral, longe de formar uma tranqüila configuração de forças em equilíbrio, contém uma série de tensões até agora pouco estudadas em seu conjunto. Nas relações entre a voz narradora, a palavra e o objeto, a impessoalidade e o lirismo se confrontam, e a palavra poética, em seu esforço de captar o objeto e superar as discrepâncias entre linguagem e realidade, luta com sua própria insuficiência. No nível temático, a poética de Cabral também propõe-se como um combate: um rigor formal que exige rejeições — esse "construir claro / feito a partir do não" —[14]; um fazer lúcido sempre ameaçado pelo automático e pelo fácil, e até pela inércia do não-fazer. Na atitude para com o leitor inscrito no próprio texto,

---

9. Benedito Nunes, **João Cabral de Melo Neto** (Petrópolis: Editora Vozes, 1971), p. 152.
10. Luís Costa Lima, **Lira e Antilira: Mário, Drummond, Cabral** (Rio de Janeiro: Civilização Brasileira, 1968), p. 237.
11. João Alexandre Barbosa, **A Imitação da Forma: Uma Leitura de João Cabral de Melo Neto** (São Paulo: Duas Cidades, 1975), p. 166.
12. Alfredo Bosi, **op. cit.**, p. 522.
13. Jonathan Culler, **op. cit.**, p. 175.
14. **Museu de Tudo**, p. 19.

outro conflito: a linguagem poética quer-se agressiva, contundente, e toma como emblema de seu efeito a faca, a pedra, e o sol. Para citar um só exemplo, no célebre "Graciliano Ramos", o leitor "padece sono de morto" e o texto age como o sol que "bate nas pálpebras como / se bate numa porta a socos" (76). Na maior parte das coletâneas, o nível temático também se organiza como uma luta entre adversários, e a vitória, quando há vitória, é precária. Os antagonistas variam: a poética do sonho e da interioridade contra a que se compromete com as coisas claras do mundo exterior, o deserto enxuto de emoções contra a flauta lírica de Anfion (emblemas também de tipos de poesia), e o homem pobre do Nordeste contra um meio ambiente e uma sociedade hostis, para citar apenas os conflitos que se estabelecem nas primeiras coletâneas. A luta e a violência perduram em toda a obra, redefinindo-se e formando novas articulações. O discurso poético de um construtivismo rigoroso atém-se, curiosamente, a conflitos violentos e a diversas formas de destruição. Esta análise crítica da palavra concreta, indagando conflitos manifestos ou encobertos, procura funcionar um pouco como a "luneta" que Cabral empresta a Jean Dubuffet em "O sim contra o sim":

> Com essa luneta feita dedo
> procede à ascultação
> das peles mais inertes
> que depois pinta em ebulição. (63)

Por inertes que pareçam seus poemas mais obscuros, encontra-se sempre neles uma ebulição subjacente. O "fazer poesia com coisas" de João Cabral não tem como conseqüência um formalismo fixo e estável mas sim campo de forças em constante transformação cuja atividade os capítulos que se seguem procuram estudar.

1. "FALANDO INTRANSITIVAMENTE:

PEDRA DO SONO E *OS TRÊS MAL-AMADOS*

Num ensaio escrito em 1954, "Da Função Moderna da Poesia", Cabral discute uma determinada tendência da poesia moderna, apresentando uma opinião negativa em relação a ela: "Escrever deixou de ser para tal poeta atividade transitiva de dizer determinadas coisas a determinadas classes de pessoas; escrever é agora atividade intransitiva, é, para esse poeta, conhecer-se, examinar-se, dar-se em espetáculo..."[1] Cabral utiliza uma metáfora gramatical semelhante — "falando intransitivamente" — numa carta escrita a Murilo Mendes (1959)[2], na qual compara *Tempo Espanhol,* livro

---

1. "Da Função Moderna da Poesia", reimpresso em Benedito Nunes, **op. cit.**, p. 220. Cabral não emprega o termo "atividade intransitiva" no sentido que lhe dá mais tarde Roland Barthes ao valorizar o aspecto construtivo do texto literário em sua frase célebre — "para o escritor, escrever é um verbo intransitivo" (**Essais Critiques,** Éditions du Seuil, p. 149). Cabral relaciona a "atividade intransitiva" com certos temas líricos por ele considerados pejorativamente como fechados e narcisistas.

2. Publicada em Laís Corrêa de Araújo, Murilo Mendes (Petrópolis: Vozes, 1972), p. 191-194.

que ele aprecia, à produção anterior de Murilo, de inspiração surrealista, onde predomina o discurso intransitivo ("livros mais descritivos de estados de espírito do que de objetos ou coisas fora de você")[3]. O que Cabral nos anos 50 define como discurso intransitivo é evidentemente um tipo de poesia que ele, na época, tentava evitar. Para ele, um poema que descreve estados psíquicos realiza uma ação completa em si mesma, como o fazem os verbos intransitivos. O poeta que se volta para dentro de si deixa de se relacionar com o mundo objetivo e de ter uma comunicação eficaz com o leitor. No entanto, em seus dois primeiros livros, *Pedra do Sono* (1942) e *Os Três Mal-Amados* (1943), Cabral utiliza discursos poéticos comprometidos exatamente com este tipo de atividade contida em si mesma. Neles, a voz narrativa, por vezes consciente das limitações desta forma de discurso, é capaz de perceber alternativas, embora mais comumente fique paralisada pelas conseqüências inerentes ao ato de "conhecer-se" e "examinar-se".

Apesar de Cabral ter continuado a incluir estes primeiros trabalhos de poesia nas edições subseqüentes de suas coletâneas de poemas (*Poemas Reunidos,* 1954; *Duas Águas,* 1956; *Poesias Completas,* 1968), ele considera *Pedra do Sono* um "livro falso"[4], e pouco a pouco foi excluindo nove dos vinte e um poemas originais. *Os Três Mal-Amados,* publicado como poema em prosa, seria parte de uma peça que nunca chegou a ser concluída[5]. Estas duas obras, portanto, são experiências iniciais, cujo valor artístico não satisfaz completamente ao próprio autor. Continuam sendo, porém, essenciais ao estudo da evolução de sua poética, úteis como termos de comparação para compreender os poemas escritos depois e bastante elucidativos quanto às implicações, para Cabral, de uma poesia introspectiva.

Há uma influência surrealista marcada em *Pedra do Sono*, onde, segundo Cabral, "o poeta pretende com-

---

3. **Ibid.**, p. 192.
4. "João Cabral de Melo Neto — roteiro de auto-interpretação", in Fábio Freixieiro, **Da Razão à Emoção II** (Rio de Janeiro: Tempo Brasileiro, 1971), p. 182.
5. Entrevista a João Cabral de Melo Neto, de 21 de agosto de 1974. Encontrei-me duas vezes com Cabral, nos dias 12 e 21 daquele mês na Academia Brasileira de Letras. Não pude gravar a entrevista, mas logo após tomei nota de tudo que me lembrava. Muito do que ele me disse na primeira vez havia sido publicado por Fábio Freixieiro, **op. cit.** Como Freixieiro baseou-se em suas gravações, utilizarei suas citações sempre que o material estiver incluído em sua entrevista. Em caso contrário, farei referência às minhas anotações.

por um buquê de imagens em cada poema; as imagens revelam matéria surrealista no sentido de oníricas, subconscientes, porventura..."[6] A sucessão de imagens nos poemas deve ser interpretada como expressão de uma visão subjetiva. No entanto, a voz narrativa em quase todos os poemas mantém uma perspectiva distante, quase negando qualquer ligação com o que vê, ouve e apresenta. Esta estranha distância que separa o *eu* de seu interior e do mundo que observa manifesta-se na primeira estrofe do poema de abertura:

> Meus olhos têm telescópios
> espiando a rua,
> espiando minha alma
> longe de mim mil metros. (375)

Nestes versos, o espaço entre o olho e o que ele vê toma a forma de um telescópio, um instrumento que aproxima as imagens, ao mesmo tempo que as mantém distantes, sem ameaçar o espectador. Mais adiante, neste poema, o *eu* parece abdicar da função de agente destas representações interiores: "Automóveis como peixes cegos / compõem minhas visões mecânicas". Na última estrofe, o distanciamento em relação aos objetos e à "minha alma longe de mim" está ligado a um estado de conflito e de cisão dentro do próprio *eu*:

> Há vinte anos não digo a palavra
> que sempre espero de mim.
> Ficarei indefinidamente contemplando
> meu retrato eu morto. (375)

O indivíduo dividido, isolado e passivo reaparece em vários poemas. Em "Infância", não há identificação entre o *eu* criança e o adulto que a contempla.

> Mas meus dez anos indiferentes
> rodaram mais uma vez
> nos mesmos intermináveis carrosséis. (379)

Em "Poesia", o distanciamento torna-se ausência e a poesia é definida como "jardins da minha ausência / imensa e vegetal" (382). Para indicar a falta de integração psíquica, Cabral faz uso de metonímias ao se referir ao corpo humano, cujas partes aparecem isoladas,

---

6. "João Cabral de Melo Neto — roteiro de auto-interpretação", Freixieiro, **op. cit.**, p. 182.

normalmente num contexto que implica que tais elementos são aparições inquietantes.

> Houve porém outro alguém
> (deste só a cabeça
> e o número da casa)
> que se esqueceu entre o véu e o assalto. (381)

> No espaço jornal
> nascendo do relógio
> vejo mãos, não palavras... (384)

> ...as flores eram cabeças de santos. (377)

As figuras humanas geralmente têm uma identidade genérica e indefinida ("alguém", "o homem", "a mulher", "o poeta"). Seres sobrenaturais aparecem constantemente ("o fantasma", "arcanjos silenciosos", "anjos da guarda", "o espectro do rei"), o mesmo acontecendo com as manifestações da morte ("homem enforcado", "guerreiro morto", "crianças mortas"). Os poemas, povoados de figuras fragmentárias, vagas, imaginárias ou mortas, muitas vezes tomam a forma de um pesadelo: uma visão indesejada que se impõe ao *eu*, que prefere não assumir a responsabilidade de tê-la criado.

A começar pelo título, o sono e o sonho são temas importantes em *Pedra do Sono*. As palavras "sonho", "noite", "pesadelo", "lua", reaparecem várias vezes num contexto dominado pelo medo: "pesadelos atrasados de muitas noites" (377); "em densas noites / com medo de tudo" (378); "lua morta" (380); "noite furiosa" (383), "crianças mortas que nos seguem / dos sonhos" (383). A preocupação de Cabral com o sono e o sonho também está presente no seu primeiro ensaio sobre poesia. "Considerações sobre o Poeta Dormido" (1941) analisa as possibilidades poéticas do sono em oposição ao sonho, cujas implicações já tinham sido tão minuciosamente examinadas por Freud e os surrealistas. No sono, o que intriga Cabral é a ausência de percepções, de recordações e do próprio *eu*: "O sono é um estado, um poço em que mergulhamos, em que estamos ausentes. Essa ausência nos emudece"[7]. Ao explicitar a relação causal e determinante entre o sono e o sonho, Cabral revela sua forma de encarar o processo onírico:

> É o fato de estarmos adormecidos que dá ao sonho aquelas dimensões, aqueles ritmos de escafandristas às coisas que

---

7. "Considerações sobre o Poeta Dormido" (Tese para o Primeiro Congresso de Poesia do Recife) (Recife: Separata de **Renovação**, 1941), p. 4.

se desenrolam diante de nós. Aquelas distâncias, aqueles acontecimentos nos quais não podemos intervir, diante dos quais somos invariavelmente o preso, o condenado, o perseguido. Contra os quais não podemos, de nenhum modo, agir [8].

O protagonista dos poemas em *Pedra do Sono* muitas vezes é como este sonhador, vítima de situações fora de seu controle. A incapacidade de agir aparece no final da maioria dos poemas: o ser humano se vê preso em situações de impasse que inspiram medo. Nos versos finais, há freqüentes referências a um frustrado desejo de movimento, a uma repetição mecânica ou obsessiva, à esterilidade e à morte.

> Vi apenas que no céu do sonho
> a lua morta já não mexia mais. (380)

> ...enquanto o hierofante armado cavaleiro
> movia inutilmente seu único braço. (377)

> ...e nas janelas acesas toda a noite
> o retrato da morta
> fez esforços desesperados para fugir. (377)

Por vezes, surgem nos poemas arroubos de violência presenciados, contemplados ou mesmo praticados pelo próprio *eu*. É como se a vítima impotente se transformasse e investisse com raiva contra os outros ou, havendo referência a suicídio, contra si mesmo. No início de "Poema Deserto" o *eu* se declara passivo: — "Todas as transformações / todos os imprevistos / se davam sem o meu consentimento" —, mas no fim acaba participando nos atos mais violentos:

> Havia também alguém que perguntava:
> Por que não um tiro de revólver
> ou a sala subitamente às escuras?

> Eu me anulo me suicido
> Percorro longas distâncias inalteradas,
> te evito te executo
> a cada momento e em cada esquina. (376)

Enquanto a voz narrativa e as outras figuras secundárias aparecem como seres sem força, paralisados, embora por vezes violentos, os objetos são dinâmicos. Os conflitos dentro do *eu* se manifestam através de

---

8. **Ibid.**, p. 4.

choques, deformações e transformações que ocorrem nos objetos:

> No espaço jornal
> e a sombra come a laranja
> a laranja se atira no rio,
> não é um rio, é o mar
> que transborda de meu olho. (384)

Predominam entre os objetos a influência que exercem uns sobre os outros e suas sucessivas transformações: "O poema inquieta / o papel e a sala" (378); "O mar soprava sinos / os sinos secavam as flores / as flores eram cabeças de santos" (377). Quase nunca se menciona o contato direto do protagonista com os objetos e, quando ocorre, o relacionamento é hostil ou conturbado: "Tenho no meu quarto manequins corcundas / onde me reproduzo e me contemplo em silêncio" (376). Os objetos parecem funcionar como agentes dos conflitos internos do *eu*. O motivo da fotografia — '"Alguém multiplicava / alguém tirava retratos" (376) — também mostra um *eu* múltiplo e dividido, aprisionado em objetos concretos.

Para Benedito Nunes, *Pedra do Sono* se caracteriza a partir dos temas de identificação e imponderabilidade:

> Dominada por um complexo de imponderabilidade, que valoriza a indeterminação, a inconsistência e a fluidez das coisas, a experiência a que o estado de sono dá acesso articula-se numa semântica do vago, em torno de palavras preferenciais, como *nuvem, sonho, vulto* e *fantasma* [9].

É importante observar que este "complexo de imponderabilidade", que também se manifesta nas referências ao ato de voar, é normalmente obtido através da utilização de palavras concretas. Nas metáforas, incluindo a do título, conceitos espaciais e abstratos costumam se misturar: "Pedra do Sono", "Os sonhos cobrem-se de pó" (376). A epígrafe de Mallarmé — "Solitude, récif, étoile" — também justapõe o abstrato ao concreto. Embora a sua poesia nesta fase não seja, em outros aspectos, semelhante à de Mallarmé, Cabral parece ter sido influenciado pelo poeta francês no que diz respeito à utilização dos objetos concretos, visando uma erosão de sua concretitude e das suas possibilida-

---

9. **João Cabral de Melo Neto**, pp. 36-37.

des miméticas. Antonio Candido, num artigo sobre *Pedra do Sono* escrito em 1943, faz o seguinte comentário sobre o papel predominante dos "substantivos exprimindo coisas" e a "tendência vamos dizer construtiva" de Cabral: "as suas emoções se organizam em torno de objetos precisos que servem de sinais significativos do poema"[10]. Entretanto, estes objetos não criam um espaço mimético; em vez de formarem uma composição paralela e representativa do mundo exterior, eles agem como projeções da vida mental. Em *Pedra do Sono* há, por vezes, referências explícitas a espaços que se opõem a qualquer identificação mimética ou mesmo racional: "sobre o lado ímpar da memória" (378); "ilhas que mesmo os sonhos não alcançam" (385).

"Dentro da perda da memória" é o título e o primeiro verso de um poema no qual os substantivos concretos formam uma composição pictórica enigmática mas coerente, contendo referências a cores, formas e movimentos. Em sua articulação complexa, clareza de contornos e motivação misteriosa, este poema lembra certos quadros surrealistas.

> Dentro da perda da memória
> uma mulher azul estava deitada
> que escondia entre os braços
> desses pássaros friíssimos
> que a lua sopra alta noite
> nos ombros nus do retrato.
>
> E do retrato nasciam duas flores
> (dois olhos dois seios dois clarinetes)
> que em certas horas do dia
> cresciam prodigiosamente
> para que as bicicletas do meu desespero
> corressem sobre seus cabelos.
>
> E nas bicicletas que eram poemas
> chegavam meus amigos alucinados.
> Sentados em desordem aparente,
> ei-los a engolir regularmente seus relógios
> enquanto o hierofante armado cavaleiro
> movia inutilmente seu único braço. (376-77)

A desordem do poema, como a dos amigos alucinados da última estrofe, é apenas aparente. Através da repetição de substantivos concretos ("retrato", "bicicletas"),

---

10. "Poesia ao Norte", **Folha da Manhã**, São Paulo, 13 de junho, 1943, p. 5.

as estrofes se encadeiam umas às outras e a sintaxe revela uma coreografia cuidadosamente controlada: numa certa hora do dia, o retrato sofre transformações que permitem que as bicicletas corram pelos cabelos da mulher; os amigos engolem relógios regularmente, acompanhados pelos movimentos repetitivos do braço do cavaleiro. Evidentemente, esta composição de imagens visuais não pode ser interpretada como representação do mundo natural mas sim alusiva aos sentimentos subjetivos — alienação do passado, erotismo frustrado, preocupação com o tempo e com a gênese da poesia — do *eu* que só se mostra abertamente em dois possessivos: "meu desespero", "meus amigos". A composição pictórica do poema, clara na articulação, porém ambígua no significado, torna-o semelhante às bicicletas da segunda e terceira estrofes, mecanismos funcionais que assumem usos discrepantes: "bicicletas do meu desespero", "bicicletas que eram poemas".

Cabral já reconheceu mais de uma vez a influência dos surrealistas franceses no seu trabalho desta fase, e utiliza palavras concretas de forma muito semelhante à dos surrealistas. A este respeito Anna Balakian faz o seguinte comentário:

> Conforme as observações de Freud, posteriormente ilustradas nos poemas surrealistas, os termos concretos... produzem associações mentais mais rápidas e freqüentes do que os abstratos: repare-se, por exemplo, nos muitos usos perturbadores atribuídos a palavras comuns, como "table", "homme" "sable", na imagística surrealista, ou termos provocativos como "épave", "miroir", "sein", "pyramide", "reverbère", etc..., que constituem o cerne da imagem surrealista e que desempenham papéis centrais semelhantes aos dos relógios, escadas, travessas e guarda-chuvas das pinturas desta escola[11].

A escolha dos objetos em *Pedra do Sono* em geral recai sobre aqueles utilizados tanto pelos pintores quanto pelos poetas surrealistas. Os instrumentos mecânicos — o "automóvel", a "bicicleta", o "relógio", o "telefone" — normalmente aparecem com funções diversas das suas funções comuns e quase sempre associados a animais: "automóveis como peixes cegos" (375), "telefone com asas" (383). Vários substantivos concretos que se prestam a despertar a emoção e o sentimento subconsciente, tais como "olhos", "espelho", "retrato", "jane-

---

11. **Surrealism: The Road to the Absolute** (Toronto: Dutton, 1970), p. 130.

22

la", "porta", "água", ocorrem num contexto que estimula estas conotações. Tais palavras concretas, seu inter-relacionamento e suas repercussões emocionais desempenham um papel importante no léxico de *Pedra do Sono*. Ao comentar a famosa citação de Lautréamont: "Belo como o encontro fortuito entre uma máquina de costura e um guarda-chuva numa mesa de operações", André Breton observa que o método surrealista para compor uma imagem consiste na "junção de duas realidades que aparentemente não podem estar unidas num plano que aparentemente não lhes é apropriado"[12]. O mistério é produto das partículas de significação criadas por esta união que parece desprovida de sentido. Ao utilizar o processo surrealista de justaposições inesperadas, Cabral também parece interessado no que Breton denomina "cultivar os efeitos de uma perplexidade sistemática"[13]. Cabe ao leitor procurar um contexto e um significado para os objetos justapostos que compõem o poema.

"Composição" suscita a perplexidade através da enumeração caótica e de uma disposição de objetos que dificulta a imediata compreensão do leitor.

> Frutas decapitadas, mapas,
> aves que prendi sob o chapéu,
> não sei que vitrolas errantes,
> a cidade que nasce e morre,
> no teu olho a flor, trilhos
> que me abandonam, jornais
> que me chegam pela janela
> repetem os gestos obscenos
> que vejo fazerem as flores
> me vigiando em noites apagadas
> onde nuvens invariavelmente
> chovem prantos que não digo. (382)

O poema se baseia em substantivos concretos, sucessivamente qualificados por orações adjetivas; só nos últimos versos é que aparece uma indicação de circunstância — "em noites apagadas" — que sugere que a seqüência anterior tem origem onírica. Alguns dos objetos aparecem distorcidos, outros desempenham funções além das que lhes são naturais, e todos estão justapostos de forma inesperada. O tempo se condensa ("a ci-

---

12. Richard Staver e Helen R. Lane, trad., "Surrealist Situation of the Object", em **Manifestos of Surrealism** (Ann Arbor: Universidade de Michigan, 1972), p. 275.
13. **Ibid.**, p. 275.

dade que nasce e morre") e evita-se qualquer perspectiva fixa no espaço. Todos estes elementos contribuem para formar uma composição que impede a representação mimética e cujo método assemelha-se ao de uma colagem. As construções negativas desgastam a referencialidade: "não sei que vitrolas errantes", "nuvens ... chovem prantos que não digo". Embora a sintaxe enfatize os substantivos concretos, que na maioria das vezes aparecem mais como agentes ativos do que o *eu* passivo, tais objetos agem no sentido de revelar este *eu*. O que chama mais a atenção neste poema não são as formas e as superfícies dos objetos ou qualquer perspectiva do mundo exterior, mas sim a sensação de medo e ameaça que paira sobre a voz narrativa. Apesar da ênfase nos objetos, o que eles basicamente proporcionam é a formulação visual de um estado de ansiedade, sugerido através da limitação dos movimentos ("aves que prendi..."), do desejo de viajar ou talvez de fugir ("mapas", "vitrolas errantes", "trilhos que me abandonam") e da influência vagamente ameaçadora dos objetos sobre o *eu*: trilhos de trens que o abandonam, jornais que chegam pela janela e repetem o gesto obsceno das flores que o vigiam. A função expressiva dos objetos torna-se explícita nos dois últimos versos. As nuvens é que são capazes de mostrar a emoção, atividade que o *eu* evita e até retoricamente recusa-se a revelar.

Em *Pedra do Sono* há uma preocupação constante com a definição da poesia, do poema e do poeta. "Poema", "Poema deserto", "Poema de desintoxicação", "A poesia andando", "Poesia", "O poeta", "O poema e a água" são títulos que ostentam seu *status* poético. A poesia se relaciona não apenas ao sono e ao sonho, mas também a uma emoção negativa, aparecendo por diversas vezes vinculada à morte:

> No telefone do poeta
> desceram vozes sem cabeça
> desceu um susto desceu o medo
> da morte de neve. (382)

> As vozes líquidas do poema
> convidam ao crime
> ao revólver. (385)

Não se traça nenhuma distinção entre a inspiração e a composição (uma polaridade que Cabral examina em seu ensaio "Poesia e Composição — A Inspiração e o Trabalho de Arte", 1956): a poesia se apossa do poeta ou se insinua através de convites de certa forma ameaçadores. O poema é uma forma orgânica, espontânea, muitas vezes maligna, sobre a qual o poeta, como o sonhador em relação ao sonho, quase não tem controle. "Poesia" (382) apresenta o poema como uma paisagem ameaçadora onde o *eu* desaparece:

> Ó jardins enfurecidos,
> pensamentos palavras sortilégio
> sob uma luz contemplada;
> jardins de minha ausência
> imensa e vegetal;
> ó jardins de um céu
> viciosamente freqüentado:
> onde o mistério maior
> do sol da luz da saúde?

Novamente, o poema se fundamenta numa palavra concreta: a poesia é um lugar, mas qualificado de tal maneira a afastar qualquer referência ao mundo físico. Os jardins noturnos da poesia, furiosos, enraivecidos, florescem sob um céu malévolo e fantasmagórico. Um aspecto curioso reside no fato de estes jardins serem povoados não só pelos "pensamentos palavras sortilégio", mas também pela ausência do *eu*, que se manifesta em termos espaciais ("jardins de minha ausência imensa e vegetal"). O poeta, da mesma forma que o protagonista em outros poemas desta coletânea, encontra-se desvinculado e até ausente de suas visões. No final do poema, o jardim noturno aparece como limitado e insalubre em versos que prefiguram, como já o viram vários críticos, diretrizes que Cabral desenvolverá mais tarde em sua poesia. A saúde e a luminosidade natural do sol são as forças que vão se opor aos tormentos do mundo interior.

Explicitamente em "Poesia", mas também em toda esta primeira coletânea, nota-se a paradoxal ausência ou passividade ou reticência de um *eu* que tende a subtrair-se até mesmo destes poemas líricos cujas imagens o retratam. O eu-lírico de *Pedra do Sono,* e a maneira como ele se projeta, é do maior interesse para a interpretação da poesia posterior de João Cabral, pois revela o ponto de partida de várias transformações. Em *Pedra do Sono,* a voz narrativa se designa quase sempre pela primeira pessoa, que depois aos poucos vai tornar-se

25

menos freqüente como elemento formal da poesia de João Cabral e eliminar-se como tema de investigações líricas. Mas mesmo nesta coletânea, o *eu* aparece em alguns poemas apenas como pronome possessivo ("meu", "minha") ou mais anonimamente num diálogo implícito com um "tu". E, como vimos acima, este *eu* revela-se muitas vezes passivo, ineficaz, vítima de alguma violência ou mesmo paradoxalmente ausente. Os conflitos interiores do *eu* que com medo e cautela se aproxima da vida afetiva manifestam-se indiretamente através de uma configuração de objetos que se entregam a atividades inusitadas. Depois que Cabral descarta o exame do *eu* como tema de poesia, a relação entre o *eu* e os objetos se modifica, sem que se percam vários elementos presentes em *Pedra do Sono*. As referências às repetições obsessivas, à esterilidade, à violência e à morte, deixam de projetar-se na atividade surrealista dos objetos, passando a compor paisagens agressivas do mundo exterior (Nordeste, Espanha) e a caracterizar o sofrimento impotente do homem pobre. Na medida em que a poesia cabralina torna-se construtiva, controlada pelo raciocínio, os avatares da morte e da violência antes localizados no interior do *eu*, transferem-se para o mundo social de paisagens, objetos e fatos, e manifestam-se também no rigor de seleção e eliminação indispensáveis à construção do poema. E o *eu*, desaparecendo como tema explícito e muitas vezes como pronome pessoal, adquire integridade e uma presença implícita mas segura, que lhe faltam nesta primeira fase da poesia como atormentados "jardins de minha ausência".

Os dois poemas que falam sobre pintores também esclarecem a poética de *Pedra do Sono*. Ao prestar homenagem a outro artista, Cabral acaba revelando seus próprios métodos e preocupações. "Homenagem a Picasso" e "A André Masson" se assemelham em técnica a outros poemas da mesma coletânea: as palavras concretas tornam-se sugestivas na medida em que os objetos desempenham funções que não lhe são próprias e se justapõem de forma inesperada. Neste caso, Cabral toma dos dois pintores configurações visuais cujo significado simbólico os poemas interpretam.

Em "Homenagem a Picasso" (383), "esquadro", "violinos", "recortes de jornal" são as formas que ampliam a referência ao cubismo já presente na escolha dos objetos e na organização semelhante à colagem do poema "Composição". O primeiro objeto ("esquadro") serve para dissimular alguma coisa inquietante: "O esquadro disfarça o eclipse / que os homens não querem ver". O "eclipse", ou seja, a ausência de luz, sugere o domínio noturno da psique, assim como o fato de os homens preferirem não vê-lo. Nos quatro últimos versos, a voz narrativa continua a examinar os objetos, à procura do que eles possam esconder ou revelar. O advérbio utilizado em "Não há música aparentemente nos violinos fechados", sugere o poder instável que os objetos têm de esconder o "eclipse" interno. E, finalmente, os recortes de jornais fazem lembrar obliquamente a culpa e a morte: "Apenas os recortes dos jornais diários / acenam para mim com o juízo final".

Em "A André Masson" (383), as imagens visuais atribuídas ao pintor surrealista francês tornam-se instrumentos para representar uma região assombrada pela morte.

> Com peixes e cavalos sonâmbulos
> pintas a obscura metafísica
> do limbo.

Em *Pedra do Sono,* as referências à escuridão, à morte, às profundezas tanto da terra ("fauna dentro da terra a nossos pés") quanto do mar ("escafandros ocultam luzes frias") indicam habitualmente a vida psíquica. Neste poema, a luz não é natural ("luzes frias", "sol gelado"); os olhos encontram-se quase sempre fechados ("Formas primitivas fecham os olhos"), ou fixos como os de um morto ("Invisíveis na superfície pálpebras não batem"). Na última estrofe, o mundo subterrâneo aparece tanto como meio de subsistência quanto ameaça ("teu país de mina onde guardas / o alimento a química o enxofre da noite"), demonstrando mais uma vez a atitude ambivalente de Cabral em relação às energias obscuras da psique.

Em ambos os poemas, Cabral sugere uma semelhança entre suas técnicas e as da pintura. Como um pintor, ele também utiliza objetos que revelam seu sentido através da lógica de seus relacionamentos e justaposições. O significado não se manifesta discursivamente, mas é um produto das associações simbólicas desses objetos e da sua articulação. E, como acontece no trabalho dos dois pintores — pelo menos segundo a interpretação de Cabral —, o que os objetos escondem e revelam é um mundo tumultuado de experiência interior.

A ambivalência básica da poesia introspectiva de Cabral se manifesta particularmente nos motivos da visão e da fala. Os olhos e a visão se destacam nesta linguagem que dá prioridade às formas concretas e visuais. A compreensão poética está vinculada à visão; não à percepção física, mas àquela de imagens que representam a vida interior. No primeiro verso de "Os olhos" (376) — "Todos os olhos olharam" — observadores não identificados vêem aparições sucessivas que ocorrem na imaginação: "o fantasma no alto da escada, / os pesadelos, o guerreiro morto / a *girl* a forca o amor". A qualidade estereotipada deste grupo de substantivos lembra os romances góticos e os filmes de terror. Os olhos exibem a reação tantas vezes repetida de medo e fuga, sublinhada aqui por uma lucidez final.

> Juntos os peitos bateram
> e os olhos todos fugiram
>
> (Os olhos ainda estão muito lúcidos.)

Com respeito ao olho que percebe o que existe além do mundo físico, Cabral torna a se aproximar dos surrealistas franceses. André Breton, em seu ensaio "Situação Surrealista do Objeto" (1935), observa que:

> Todo o esforço técnico realizado pelo surrealismo, desde seus primórdios até os nossos dias, consistiu em multiplicar os meios que permitam penetrar nas camadas mais profundas da mente. Como diz Rimbaud: "É preciso que sejamos videntes, que nos tornemos videntes" e a nós compete apenas descobrir uma maneira de aplicar este lema [14].

Em *Pedra do Sono,* penetrar nas camadas mais profundas da mente traz certos perigos. Daí o fato da fala encontrar-se freqüentemente impedida e a visão poder transformar-se em cegueira. Como já foi visto nos versos de "Poesia" acima citados: "Há vinte anos não digo a palavra que sempre espero de mim" (375), a incapacidade de falar indica as cisões que existem dentro do *eu* e ta·bém a natureza conturbada do material psíquico que desafia a comunicação ou é amedrontador demais para ser articulado em fala. Mais tarde, como vimos, Cabral chega à conclusão de que uma espécie

---

14. André Breton, **op. cit.**, p. 274.

de mutismo, que ele denomina discurso intransitivo, é o grande defeito da poesia introspectiva, na medida em que ela não consegue atingir eficazmente o leitor. A cegueira tem implicações positivas e negativas. Por um lado, indica uma visão superior, interna, que percebe o invisível e o significativo: "os rios invisíveis" de "Poema" (375) e todos os outros fenômenos sobrenaturais e surrealistas. Por outro lado, a cegueira representa a relutância em continuar o exame minucioso destas imagens interiores, além de indicar uma outra limitação: a deficiência do olho físico, a incapacidade de ver o mundo natural. No final de "O poeta" (382), a visão poética resulta estéril:

> e nos olhos, vistos por fora, do poeta
> vão nascer duas flores secas.

No início de "Poema de desintoxicação" (378) há referências ao mutismo e à cegueira.

> Em densas noites
> com medo de tudo:
> de um anjo que é cego
> de um anjo que é mudo.

Poderia dizer-se que os dois anjos aleijados exercem a função de musas nesta primeira coletânea, onde as origens da poesia se relacionam com o misterioso e incontrolável, com o medo e a violência. "O anjo que é cego" seria a visão interior, incapaz de contemplar o mundo físico, enquanto que "um anjo que é mudo" seria aquele que sabe mais do que deseja ou é capaz de comunicar[15]. Estas figuras um tanto sinistras representam as fontes de poesia, fecundas porém conturbadas, que aparecem nesta fase da obra de Cabral como profundezas, cujo conteúdo vai além do que os sentidos podem perceber ou transmitir. Mas os dois anjos também sugerem as limitações de um certo tipo de poesia. Mais tarde, por considerá-las uma comunicação autocontida, um "falar intransitivo", Cabral condenará as representações da psique e a compreensão poética obtida através do olho interior. A visão é necessária à cegueira assim como a fala ao mutismo, e os dois anjos sugerem a insatisfação.

"Poema da desintoxicação", onde a visão ambivalente da poesia como um veneno tentador lembra as flo-

---

15. Lauro Escorel, in **A Pedra e o Rio**, p. 22, considera esta uma passagem fundamental para sua interpretação de **Pedra do Sono** que é, entretanto, diferente da minha.

res do mal de Baudelaire, já deixa bem claro o poder de repulsão e atração que exerce a poesia intransitiva. Por um lado, o poeta busca o poema sob a influência do medo e dos dois anjos, o cego e o mudo, mas por outro lado, o poema desejado se manifesta com uma sedutora indefinição: "Eu penso o poema / da face sonhada, / metade de flor / metade apagada". Nos oito últimos versos, há uma curiosa invocação que se destina primeiramente ao poema esquivo e logo à nova manhã que dissipará a expectativa de poesia.

> Ó face sonhada
> de um silêncio de lua
> na noite da lâmpada
> pressinto a tua.
>
> Ó nascidas manhãs
> que uma fada vai rindo,
> sou o vulto longínquo
> de um homem dormindo. (378)

Com a chegada da manhã, o *eu* abandona não só a poesia como também sua própria *persona* como poeta, a qual, vista de fora como "o vulto longínquo" se transforma numa tranqüila figura de fundo que vai desaparecendo na distância. Se considerarmos as implicações do título, o abandono da poesia, vista como elemento tóxico, tem um aspecto bastante positivo. À invocação ao poema segue-se o regozijo causado pela dissipação da poesia. Mas tudo isto faz parte de um poema que, distinguindo-se de quase todos os outros contidos em *Pedra do Sono,* utiliza recursos poéticos tradicionais, tais como uma relativa regularidade métrica em versos de quatro a seis sílabas e rimas consonantes em todos os versos ímpares. Da vigília surge, afinal, um poema, e Cabral parece estar chamando a atenção para este fato. Esta atitude ambivalente diante da poesia "intoxicada" e "tóxica", gênero a que os próprios poemas se acusam a pertencer, pode ser encarada como uma primeira manifestação da luta prolongada entre poéticas opostas que será travada no interior mesmo dos poemas de João Cabral.

O fracasso da comunicação predomina em *Os Três Mal-Amados,* que toma como ponto de partida "Quadrilha", um poema-piada de Drummond[16]. Os primeiros três versos do poema de Drummond, utilizados por Cabral como epígrafe, se limitam a apresentar uma cadeia de relacionamentos amorosos não correspondidos entre seis pessoas, terminando com "Lili que não amava ninguém". No poema em prosa de Cabral alternam-se os três personagens masculinos que, ao pronunciar seus monólogos fechados, permanecem isolados e inconscientes uns dos outros. Os personagens também falam intransitivamente pois, enquanto tentam dar sentido a uma experiência interior intensa, o seu discurso não se dirige a ninguém.

As três maneiras utilizadas para apresentar um acontecimento psicológico individual — "três hipóteses de recuperação do amor perdido", como assinala Benedito Nunes —[17], continuam questionando a relação entre a poesia e as vicissittudes do *eu*. A voz de João analisa e indaga. Ele compara sua fantasia de proximidade à Teresa, "que durante todo o dia de hoje, por efeito do gás do sonho, senti pegada a mim" (366), à sua sensação de distanciamento dela uma vez que a fantasia se dissipa. A proximidade e a visão física aumentam a distância facilmente abarcada pela visão onírica.

> Olho Teresa. Vejo-a sentada aqui a meu lado, a poucos centímetros de mim. A poucos centímetros, muitos quilômetros. Por que essa impressão de que precisaria de quilômetros para medir a distância, o afastamento em que a vejo neste momento? (365)

Partindo da crença de que o sonho é um meio eficaz de comunicação, capaz de diminuir a distância entre os indivíduos, João chega a suspeitar que haverá uma falha básica neste raciocínio. Ele questiona a identidade entre a Teresa de carne e osso e a criatura que habita suas fantasias, entre seus sonhos e o mundo que se mantém independente de seus processos mentais:

---

16. **Alguma Poesia** (1930) in **Reunião** (Rio de Janeiro: José Olympio 1968), p. 17.

> Quadrilha
> João amava Teresa que amava Raimundo
> que amava Maria que amava Joaquim que amava Lili
> que não amava ninguém.
> João foi para os Estados Unidos, Teresa para o convento,
> Raimundo morreu de desastre, Maria ficou para tia,
> Joaquim suicidou-se e Lili casou com J. Pinto Fernandes
> que não tinha entrado na história.

17. **João Cabral de Melo Neto,** op. cit., p. 46.

Um sonho é uma criação minha, nascida de meu tempo adormecido, ou existe nele uma participação de fora, de todo o universo, de sua geografia, sua história, sua poesia? (370)

Ele chega à conclusão que seu mundo privado é, na verdade, independente e incomunicável: "Donde me veio a idéia de que Teresa talvez participe de um universo privado, fechado em minha lembrança?" (371). João finalmente nega tanto a comunicabilidade de suas percepções oníricas, quanto a capacidade que elas teriam de atrair a participação de outros, posição que coincide com a que Cabral não tardará a adotar e que o leva a excluir de sua poesia a análise do *eu* individual, particular.

A pertinência dos dois outros monólogos à nova poética de Cabral é tão significativa quanto a do primeiro e mais explícita[18]. Joaquim, personagem cômico e patético, descreve o efeito destrutivo que o amor faz surtir em seus objetos, em suas idéias, em sua vida passada e futura. Seu monólogo é composto de uma série de frases que repetem, com variações, as palavras "O amor comeu..." O humor reside não só no fato de o amor devorar o trivial junto com o essencial, mas também na progressão inexorável que traz ainda mais ruína para um *eu* já bastante destruído. Joaquim apresenta-se como um possível poeta: "O maior comeu na estante todos os meus livros de poesia. Comeu em meus livros de prosa as citações em verso. Comeu no dicionário as palavras que poderiam se juntar em verso" (367). Joaquim, caricatura do poeta dominado por um sentimento intenso e incontrolável, perde tanto a sua identidade quanto a sua poesia. O sentimento obsessivo surte um efeito auto-hipnótico que paralisa o poeta; este consegue apenas relatar o estado em que se encontra seu *eu* mutilado. Em uma passagem que indica um duplo movimento de frustração, o amor destrói objetos sobre os quais Joaquim tentara inutilmente escrever:

O amor comeu meu Estado e minha cidade. Drenou a água dos mangues, aboliu a maré. Comeu os mangues crespos e de folhas duras, comeu o verde ácido das plantas de cana cobrindo os morros regulares, cortados pelas barreiras verme-

---

18. A importância de **Os Três Mal-Amados** na evolução da poética de Cabral e as implicações metalingüísticas deste texto já foram assinaladas brevemente por Luis Costa Lima e Benedito Nunes, **op. cit.**, e discutidas em detalhes por João Alexandre Barbosa, **op. cit.**

lhas, pelo trenzinho preto, pelas chaminés. Comeu o cheiro de cana cortada e o cheiro de maresia. Comeu até essas coisas de que eu desesperava por não saber falar delas em verso. (370-71)

Um cenário semelhante, de formas nítidas e cortantes de objetos exteriores percebidos pela visão e pelos outros sentidos[19], tornará a aparecer na poesia de Cabral que descreve Pernambuco e a Espanha. O que implicitamente motivará a descrição não mais será o relacionamento afetivo ("meu Estado e minha cidade"), mas as questões relativas à personalidade humana ou à conduta social representadas pelos objetos.

No monólogo de Raimundo, Maria é identificada metaforicamente com uma série de termos que se referem, principalmente, a lugares e objetos físicos:

"praia" — "mar dessa praia" — "fonte" — "corpo que poderia reconstituir à minha vontade" — "campo cimentado" — "árvore" — "garrafa de aguardente" — "jornal" — "livro" — "folha em branco" — "o sistema estabelecido de antemão, o fim onde chegar" — "a lucidez".

A maior parte destes objetos, lugares e conceitos conotam, no contexto em que são utilizados, uma emoção contida.

Maria era sempre uma praia, lugar onde me sinto exato e nítido como uma pedra — meu particular, minha fuga, meu excesso imediatamente evaporados.
Maria era o mar dessa praia, sem mistério e sem profundeza. (366)

Em *Os Três Mal-Amados*, a palavra "mar" funciona como um símbolo com duas acepções: no monólogo de João se associa aos sonhos ("Ainda me parece sentir o mar do sonho que inundou o meu quarto", 367), enquanto no de Raimundo, é uma superfície que conota uma oposição às profundezas do *eu*. Quando Raimundo compara Maria a uma garrafa de aguardente, importa não a promessa de embriaguez, mas o fato desta possibilidade latente ser admiravelmente controlada e contida numa forma nítida:

Maria era também a garrafa de aguardente. Aproximo o ouvido dessa forma correta e explorável e percebo o rumor e os movimentos de sonhos possíveis, ainda em sua matéria líquida, sonhos de que disporei, que submeterei a meu tempo e minha vontade, que alcançarei com a mão. (369)

---

19. Luis Costa Lima encontra aqui uma expressão vigorosa da "atração pela organização do concreto", **op. cit.**, p. 251.

Os objetos que identificam Maria — coisas concretas que conotam a contenção de emoções — demonstram claramente um dos aspectos do "fazer poesia com coisas" que Cabral continuará a desenvolver. As coisas concretas da poesia posterior de Cabral também sugerem, mas de maneira implícita, uma certa subjetividade. Agindo como elementos mediadores, estes objetos contêm e controlam as referências ao eu-lírico, eliminando assim a inquietação angustiada que agita o mundo das coisas em *Pedro do Sono,* quando os objetos funcionam como representantes da vida psíquica.

A discussão metalingüística da poesia, que se torna uma característica marcante dos poemas que Cabral escreve depois, já se destaca neste poema em prosa. Maria pode ser interpretada como símbolo de um certo tipo de poesia associada à subjetividade controlada, a contornos nítidos e espaços abertos, composta com precisão: "Maria não era um corpo vago, impreciso. Eu estava ciente de todos os detalhes do seu corpo, que poderia reconstituir a minha vontade" (367). Esta poesia toma forma através de referências a objetos sólidos: "Maria era também uma árvore. Um desses organismos sólidos e práticos, presos à terra com raízes que exploram e devassam seus segredos" (368).

A nível da meditação sobre a poesia o monólogo de Raimundo ocupa um lugar privilegiado. Ao articular as três relações possíveis entre a poesia e o *eu* interior, Cabral parece estar rejeitando as duas outras por considerá-las solipsistas e destrutivas. A posição de Raimundo é a úncia que dá margem à criatividade e à comunicação.

Maria era também a folha em branco, barreira oposta ao rio impreciso que corre regiões de alguma parte de nós mesmos. Nessa folha eu construirei um objeto sólido que depois imitarei, o qual depois me definirá. Penso para escolher: um poema, um desenho, um cimento armado — presenças precisas e inalteráveis opostas a minha fuga. (371)[20]

Diferenciando-se dos "jardins enfurecidos" em *Pedra do Sono,* a poesia aqui proposta, ao invés de representar a dispersão e o *eu,* age como força opositora. O *eu* passivo e limitado exemplificado por João e Joaquim,

---

20. João Alexandre Barbosa considera esta citação de importância fundamental para a poética de João Cabral, e dela extrai os pressupostos teóricos de seu estudo sobre o poeta. Ver o capítulo 3 de **A Imitação da Forma, op. cit.,** págs. 35-40.

transforma-se, no monólogo de Raimundo, num personagem confiante, capaz de tomar atitudes positivas. A folha em branco e a ação construtiva a ser realizada definem e fortalecem o *eu*. Esta volta ao mundo das coisas, "presenças precisas e inalteráveis", que, segundo a nova visão de Cabral, inclui os objetos-poemas, também restaura a confiança na eficácia da comunicação. O produto artístico, "objeto sólido", encontra-se em oposição à evanescência do "sonho", do "susto", das "vozes líquidas", de *Pedra do Sono*. Enquanto que o padrão geral de *Os Três Mal-Amados* obedece ao modelo de discurso solipsista e contido, o monólogo de Raimundo indica uma nova perspectiva de poesia a ser desenvolvida por Cabral em *O Engenheiro* e em suas obras posteriores.

2. "COISAS CLARAS": *O ENGENHEIRO*

Apesar do título e da epígrafe de Le Corbusier — "Machine à émouvoir" — *O Engenheiro* (1945) não revela uma visão única do poeta como construtor e do poema como um mecanismo eficaz. Na verdade, o livro inclui teorias e métodos poéticos divergentes. Há poemas que continuam o lirismo surrealista de *Pedra do Sono*. Outros indagam o ato de escrever e questionam a relação entre a vida interior do poeta e as palavras que ele escreve no papel. Os poemas que melhor refletem o título e a epígrafe são aqueles em que a poesia aparece como o produto de um esforço construtivo e que sugerem a existência de um *eu* integrado observando os objetos do mundo físico e controlando racionalmente as emoções.

A velha e a nova poética de Cabral alternam-se em poemas contíguos ou então se encontram em oposição ativa no mesmo poema. Em "O fantasma na praia" (349), por exemplo, elementos representativos da nova estética cabralina procuram superar os de sua poética anterior. O fantasma, uma figura característica da poética do sonho, aparece num cenário de sol e ar livre, a praia. Neste ambiente, ele é dócil e inofensivo, despojado de qualquer associação com o sobrenatural e o subconsciente.

> A cordial conversa
> com o fantasma na praia·
>
> voz clara e evidente
> de enigma vencido;
> a conversa tranqüila
> uma fonte de sustos. (350)

Estes "sustos" não ameaçam, pois se encontram combinados com a "conversa tranqüila" e com os dois versos seguintes, "Os jogos infantis / com o fantasma na praia". Entretanto, há uma certa precariedade quanto ao controle do mistério neste estranho fantasma; sua simples presença indica que os "enigmas vencidos" podem reaparecer, exigindo respostas. Esta incerteza sobre a resolução de velhos enigmas também se manifesta no movimento pendular entre as diversas formas de encarar as origens e a natureza do poema.

Os dois poemas que se referem ao pintor Vicente do Rego Monteiro[1] sugerem conceitos divergentes de pintura e, por implicação e exemplo, de poesia. No primeiro, "A paisagem zero (pintura de Monteiro, V. do R.)" (341), o título indica que o poema é uma interpretação verbal das imagens visuais do pintor. Os versos iniciais apresentam uma paisagem desnaturalizada e mórbida.

> A luz de três sóis
> ilumina as três luas
> girando sobre a terra
> varrida de defuntos.
>
> Varrida de defuntos
> mas pesada de morte:
> como a água parada
> a fruta madura.

---

1. Em seu artigo, "O Surrealismo no Brasil" **(Minas Gerais, Suplemento Literário,** 15 de novembro de 1975, p. 4), Afrânio Coutinho faz o seguinte comentário sobre a atividade e influência de Vicente do Rego Monteiro:

"O terreno (para a evolução do surrealismo nas artes plásticas brasileiras) havia sido preparado por Vicente do Rego Monteiro (1899), pintor e poeta pernambucano desde 1911 residente em Paris, onde absorvera as técnicas de desenho, pintura e escultura. A partir de 1911 seus trabalhos se difundem no Brasil, onde em 1922, na Semana de Arte Moderna em São Paulo, expõe telas de orientação futurista e cubista".

Esta paisagem, onde os três sóis ocupam um lugar de destaque ("frios sóis de cego", como será especificado posteriormente), inclui elementos e combinações já presentes em *Pedra do Sono*: a luz desnatural e uma sensação de ameaça entremeando-se nas manifestações de sonho e morte. Os últimos versos, semelhantes ao fim de vários poemas de *Pedra do Sono*, registram uma mórbida ausência de movimento: "janela aberta sobre / o sonho dos mortos" (342).

No segundo poema, "A Vicente do Rego Monteiro" (357), a voz narrativa relembra as experiências vividas com o pintor que se revela ativo e participante: "Eu vi teus bichos", "Estudei contigo um planador", "Bebi da aguardente que fabricaste". A "surpresa" e o "susto" descrevem a essência da arte do pintor e seu impacto sobre o espectador: "Mas sobretudo / senti o susto / de tuas surpresas". No entanto, estas emoções não parecem resultar da observação de uma paisagem interior inquietante, mas sim das formas plásticas criadas pelo pintor. Os quatro últimos versos caracterizam Vicente do Rego Monteiro como inventor:

> — É inventor,
> trabalha ao ar livre
> de régua em punho,
> janela aberta
> sobre a manhã.

Embora não a copie, o pintor procura entrar em contato com a paisagem natural, uma paisagem positiva que, na obra de Cabral, revigora o homem, na medida em que significa a fuga de uma contemplação claustrofóbica do *eu*. "A régua" também designa uma perspectiva voltada para o exterior, que traça formas com precisão. Os dois poemas, enfatizando aspectos divergentes, podem referir-se a diferentes etapas da carreira de Monteiro. Seja como for, ambos indicam a mudança na visão do próprio Cabral quanto ao relacionamento do poema com a vida interior do poeta, bem como da sua arte com os objetos do mundo natural.

Os poemas sobre a poesia analisam a transformação de sonhos, pensamentos e sentimentos em forma poética. As metáforas e os símiles utilizados para definir o poema variam dentro da coletânea. Em um poema, o verso é o "ser vivo", "um organismo com sangue e sopro" (352); enquanto que em outro tem a vitalidade de uma substância nutritiva, "ainda leve, quen-

39

te / e fresco como o pão" (349). A repetida comparação poema-flor estabelece um dos conceitos básicos de Cabral nesta fase: o poema como forma que retira sua substância de outra matéria, amorfa.

> .... o poema
> subindo de regiões onde tudo é surpresa
> como uma flor mesmo num canteiro. (355)

Mas de que maneira ocorre esta transmutação de uma ausência de forma numa forma exterior bem definida? Em alguns poemas, como por exemplo no acima citado, o poema se compõe com a perseverança e naturalidade de uma flor que desabrocha. Em outros, a transformação é problemática. Cabral repetidamente emprega duas metáforas para este processo. Ambas indicam a absorção da vida interior pela substância física da palavra escrita. Em uma das metáforas, Cabral transfere a interioridade fecunda das regiões "onde tudo é surpresa" de dentro do *eu* para dentro do tinteiro. Em outra, o resíduo da experiência interior transforma-se no "carvão" do lápis com que o poeta escreve. A primeira seção de "O poema" contém estes dois processos metafóricos:

> A tinta e a lápis
> escrevem-se todos
> os versos do mundo.
>
> Que monstros existem
> nadando no poço
> negro e fecundo?
>
> Que outros deslizam
> largando o carvão
> de seus ossos?
>
> Como o ser vivo
> que é um verso,
> um organismo
>
> com sangue e sopro
> pode brotar
> de germes mortos? (351-52)

A maneira pela qual os germes mortos de uma experiência subjetiva de passada geram o organismo vivo do poema é um problema constante que Cabral tenta solucionar em "A lição de poesia" (354), modificando um dos termos da metáfora. O poema não é mais "ser vivo", mas uma "máquina útil". Na primeira das três seções de "A lição de poesia", o esforço de inteligência e atenção, simbolizado pelo sol, é acompanhado de uma paralisia do processo criativo: "Toda a manhã consumida / como um sol imóvel / diante da folha em branco" (354). O sol e a manhã, que em outras partes de *O Engenheiro* são sinais positivos de saúde e de uma visão extrovertida, neste poema simbolizam uma racionalidade que bloqueia o processo de criação. O poema enquanto flor não medra neste cenário: "sequer uma flor / desabrochava no verão da mesa" (354).

Na segunda seção, apesar de seus esforços, o poeta não consegue transformar em poema os monstros interiores feitos de tinta e carvão. Teimosas e sujas, estas criaturas não se submetem ao controle do poeta.

> A noite inteira o poeta
> em sua mesa, tentando
> salvar da morte os monstros
> germinados em seu tinteiro.
>
> Monstros, bichos, fantasmas
> de palavras, circulando,
> urinando sobre o papel,
> sujando-o com seu carvão.
>
> Carvão de lápis, carvão
> da idéia fixa, carvão
> da emoção extinta, carvão
> consumido nos sonhos. (354)

O processo de composição exige luta e humilhação; em um outro poema, Cabral se refere a "o conforto da poesia ida" (351) e, em "A Paul Valéry" (359), à "doce tranqüilidade do não-fazer", tranqüilidade esta, porém, interrompida pela persistência maliciosa do poema prestes a ser escrito: "É o diabo no corpo / ou o poema / que me leva a cuspir / sobre meu não higiênico?"

Só na terceira seção de "A lição de poesia", quando o poeta consegue separar as palavras das suas origens psíquicas, é que elas se transformam para ele em entidades funcionais, ao invés de "fantasmas de palavras". A substância psicológica das palavras é reduzida ao mínimo, na medida em que o poeta passa a controlá-las e selecioná-las conscientemente.

E as mesmas vinte palavras recolhidas
nas águas salgadas do poeta
e de que se servirá o poeta
em sua máquina útil.

Vinte palavras sempre as mesmas
de que conhece o funcionamento,
a evaporação, a densidade
menor que a do ar. (355)

Neste poema, Cabral propõe uma visão das palavras como coisas, a serem manipuladas e combinadas, o que permanecerá um ponto vital de sua poética. O problema de transmutação das emoções interiores em poesia é solucionado pela retirada das palavras do mundo pessoal do poeta. A palavra se despersonaliza e o poeta a percebe como um objeto exterior submetido ao seu controle racional. A utilização de poucas palavras facilita a vigilância e a manipulação. Quando o poeta torna-se capaz de conhecer intimamente as palavras por ele escolhidas, pode então compor "a máquina útil" do poema. Seu controle sobre as palavras amplia-se, na medida em que constrói um poema com o objetivo de influenciar os sentimentos do leitor: "machine à émouvoir". Esta mesma metáfora comparando o poema à máquina é utilizada por Valéry em "Poesia e Pensamento Abstrato" (1939): "Um poema é, na verdade, uma espécie de máquina que serve para produzir uma disposição poética através de palavras"[2]. Tanto para Cabral quanto para Valéry, a elaboração poética afasta qualquer tentativa de auto-expressão direta. Mas Cabral não nega a conexão psicológica profunda e inevitável do poeta com a sua linguagem — suas vinte palavras são recolhidas nas águas salgadas de seu próprio sangue. Depois de submetidas ao raciocínio lúcido, as palavras passam a fazer parte do poema, máquina de comover, que não perde, pelo cálculo de sua construção, o poder de suscitar a emoção de leitor.

Há um paralelismo importante entre as palavras como objetos, as "palavras claras", que submetidas ao controle racional transcendem as associações particulares ao poeta, e as "coisas claras". Estes objetos concretos que a voz narrativa nomeia em *O Engenheiro* representam a nova poética de Cabral. A atenção às coi-

---

2. Paul Valéry, **The Art of Poetry** (New York: Vintage Book, 1961) p. 79. Outros paralelismos entre as teorias poéticas de Cabral e as de Valéry podem ser encontrados em Benedito Nunes, **op. cit.**, pp. 41-45.

42

sas do mundo natural é acompanhada de um tom confiante e positivo, demonstrando que o *eu* torna a se integrar, na medida em que se volta diretamente para o exterior. Os objetos não podem ser interpretados imediatamente como símbolos de um estado psíquico, como acontecia com as "frutas decapitadas" e as "vitrolas errantes" de "Composição" (*Pedra do Sono*). Nesta fase, os objetos representam a existência independente das coisas como formas e superfícies externas e não como agentes de um drama interior. Não obstante, estes poemas pressupõem a existência de um *eu*. Uma parte essencial do que "o engenheiro" constrói é realmente um novo *eu* cuidadosamente estruturado, liberto dos "monstros, bichos, fantasmas" através de um processo de eliminação semelhante ao sofrido pelas palavras antes de entrarem no poema. Tanto em "A mesa" quanto em "O engenheiro", subentende-se que a ênfase dada à claridade, às formas simples, ao que começa ou se renova, leva a um *eu* descomplicado que usa sua inteligência para influir no seu meio ambiente.

"A mesa" (348) vai compondo um conjunto de objetos que sugerem uma certa poética. Como em tantos outros poemas de *O Engenheiro*, o poeta propõe que a criação artística se processe sob a influência da manhã e da luz, sinais de clareza da visão, da mente e, em última análise, de um *eu* ativo e voltado para o mundo exterior. Na primeira estrofe há uma enumeração de substantivos concretos, cada um deles acompanhado de um adjetivo. Cada objeto se afirma como uma entidade distinta; as coisas não se misturam nem perdem seus contornos nítidos. Todos os adjetivos se referem a estados auto-suficientes e não-contaminados: "jornal dobrado", "mesa simples", "toalha limpa", "louça branca". A linguagem figurada se emprega pouco, aparecendo apenas na comparação que se repete no final de cada estrofe. Tanto o primeiro símile, "a louça branca / e fresca como o pão", quanto os seguintes, têm uma base metonímica. A proximidade espacial entre os termos da comparação é evidente, na medida em que o pão fresco faz parte de uma mesa posta para o café da manhã. O termo "pão" não representa um afastamento da mesa, mas remete-se a ela. Os símiles com base metonímica neste contexto atenuam a presença da inteligência verbal que inventa analogias e enfatizam as relações recíprocas das coisas num mundo independente e familiar. O espaço indicado pelo poema é uma imagem mimética, lembrando uma composição pictórica. As comparações metonímicas paralelas no final de cada estrofe funcionam como uma moldura, fazendo com que os elementos da estrofe se refiram uns aos outros.

A segunda estrofe acrescenta um outro objeto e partes de uma paisagem, do mesmo modo econômico, sem o auxílio de verbos.

> A laranja verde:
> tua paisagem sempre,
> teu ar livre, sol
> de tuas praias; clara
>
> e fresca como o pão.

Os pronomes possessivos unem a paisagem ao "tu" que a possui, dando a entender uma relação positiva entre o indivíduo e o mundo claro exterior. Na terceira estrofe, os instrumentos e o produto da escrita — faca, lápis, livro — são mencionados de um modo análogo aos objetos de uso diário e aos elementos da paisagem. O símile que se repete com variações como um refrão refere-se aqui à atividade criadora — "teu primeiro livro / cuja capa é branca / e fresca como o pão". O ato e o produto da escrita recebem então as qualidades de pureza e frescor enfatizadas pelo poema.

Na última estrofe, a criação literária continua a fazer parte deste pequeno mundo sadio e matinal.

> E o verso nascido
> de tua manhã viva,
> de teu sonho extinto,
> ainda leve, quente
>
> e fresco como o pão.

O verso, em posição paralela à ocupada pelos objetos concretos, e como estes substantivos comparado ao pão, parece imbuir-se de solidez e conotações positivas. O verso não é apenas um objeto com peso e dimensões: é também claro, simples e fresco. Esta forma de encarar o poema se coloca numa oposição significativa à idéia do poema como sonho ou pesadelo, composto de imagens ambíguas que sugerem emoções inquietantes. Uma transferência de qualidades semelhante à que ocorre entre os objetos e o verso verifica-se também entre os objetos e o protagonista, e se evidencia mais na segunda estrofe, onde ele encontra-se intimamente relacionado à paisagem através dos pronomes possessivos ("tua paisagem", "teu ar livre", "sol de tuas praias"). Em todo o poema, destacam-se os substantivos associados aos atributos de clareza, simplicidade, frescor e ordem. Como resultado, a subjetividade se projeta em harmonia com tais qualidades, e compõe poemas saudáveis como o pão. As coisas claras do mundo exterior e a inclusão do poema no mundo dos objetos indicam a existência de um *eu* à procura de novas direções, olhando para fora, para o mundo físico.

"O engenheiro" (344) também sugere a possibilidade de uma nova visão do processo artístico e de um novo tipo de poesia através de uma observação das formas e superfícies orientada pelo pensamento racional. Embora não haja nenhuma referência explícita à poesia, a associação pode ser inferida, já que "O engenheiro" é o poema-título do livro. O esboço da atividade criativa do engenheiro, que planeja e constrói edifícios, e a integração de seu artefato à paisagem natural, compõem o enredo simples do poema.

> O engenheiro
>
> A luz, o sol, o ar livre
> envolvem o sonho do engenheiro.
> O engenheiro sonha coisas claras:
> superfícies, tênis, um copo de água.
>
> O lápis, o esquadro, o papel:
> o desenho, o projeto, o número:
> o engenheiro pensa o mundo justo,
> mundo que nenhum véu encobre.
>
> (Em certas tardes nós subíamos
> ao edifício. A cidade diária,
> como um jornal que todos liam,
> ganhava um pulmão de cimento e vidro.)
>
> A água, o vento, a claridade,
> de um lado o rio, no alto as nuvens,
> situavam na natureza o edifício
> crescendo de suas forças simples.

Um artifício notável do poema é a enumeração, em grupos de três, de substantivos que indicam e reforçam as idéias de claridade, formas simples e construção racional. A "claridade" talvez seja o campo semântico básico do poema, manifesto nas formas simples e nos instrumentos, cálculos e projeto do engenheiro. No sentido de pureza e limpeza, a claridade é sugerida pelos substantivos "ar livre", "copo de água", "água". "Ar livre", juntamente com "sol" e "tênis", trazem também conotações de saúde física. (Em "Poesia", de *Pedra do Sono*, a saúde implícita em "O engenheiro" aparece explicitamente como parte do complexo "claridade": "Onde o mistério maior / do sol da luz da saúde?" 382).

Na primeira estrofe, a palavra "sonho", assim como o fantasma em "O fantasma na praia", guarda apenas vestígios da associação com as imagens projetadas pelo subconsciente. A luz do ambiente penetra nas camadas mais profundas da subjetividade e o sonho do engenheiro, composto de "coisas claras", prefigura sua atividade construtiva. Os elementos do meio ambiente proporcionam as condições necessárias para o seu sonho: a luz que torna as superfícies visíveis e o copo de água translúcido, e o ar livre onde se joga tênis. Na segunda estrofe, o engenheiro projeta "um mundo justo" — composto de formas exatas mas também remetendo à justiça moral. O "mundo que nenhum véu encobre" é claro no sentido de visível e inteligível, participando tanto da luz do intelecto quanto da luz do sol. É um mundo onde as superfícies e o pensamento racional predominam, opondo-se às profundezas obscuras da vida psíquica, com seus processos irracionais, ocultos ou dissimulados, que o engenheiro consegue eliminar de seus sonhos.

Nas duas últimas estrofes, o edifício, visto por aqueles que o utilizam, adquire uma vitalidade orgânica, mantendo ao mesmo tempo sua solidez inanimada. O edifício se integra ao meio ambiente criado pelo homem, mas também se identifica metaforicamente a um pulmão "de cimento e aço", repetindo a idéia de "ar livre" através da alusão à respiração. A última estrofe retoma o motivo da harmonia entre a natureza e o objeto construído, que participa metaforicamente do crescimento orgânico. O processo que teve início na primeira estrofe com a luz do sol absorvida pelo sonho do engenheiro que, por sua vez, se impregna da luz do raciocínio claro, se completa no momento em que o edifício é reintegrado à paisagem natural. Há, então, harmonia entre o ambiente natural e o produto da construção humana, cada um realçando o outro. Sendo assim, o poema não é apenas uma exaltação do mundo visual e dos poderes construtivos do engenheiro, mas também uma justificativa sutil destes poderes por meio das conotações positivas dos elementos da natureza. O motivo da claridade estabelece a consubstancialidade da luz física e das faculdades racionais. O construtor, engenheiro ou poeta, não se aliena da natureza, nem compete com ela. Sua atividade assimila a força revigorante do sol e dos espaços abertos, e o produto de seu trabalho ocupa seu devido lugar na paisagem natural.

Em outros poemas da mesma coletânea, o poeta põe em dúvida seus próprios poderes em comparação com a força que impulsiona o crescimento natural. Em "A árvore", por exemplo, "o cimento frio do quarto e da alma" se opõe ao rumor

> da oculta fábrica
> que cria as coisas,
> do oculto impulso
> que explode em coisas
>
> como na frágil folha
> daquele jardim. (353)

Em "As estações" (347), os sonhos sem substância do homem são inferiores às criações concretas da natureza: "Os homens podem / sonhar seus jardins / de matéria fantasma. / A terra não sonha, / floresce..." (348). A força criativa da natureza é, portanto, superior à imaginação poética pois produz objetos tangíveis sem sofrer a incapacidade criadora que aflige o poeta em "A árvore". Conforme já foi visto em "A mesa" e em "O engenheiro", Cabral soluciona o problema da imaterialidade da imaginação ao encarar o trabalho do poeta como um trabalho com substâncias concretas. E a natureza orgânica, que destrói assim como cria, não tarda a parecer um modelo imperfeito para a construção poética. Ao gerar coisas perecíveis, a natureza participa da evanescência dos sonhos. Os quatro últimos versos de "As estações" formulam a subordinação dos objetos naturais ao tempo e à morte: "ante a fruta madura / na beira da morte / imóvel no tempo / que ela sonhar parar" (348).

Aos poucos, Cabral deixa de lado as analogias entre a natureza orgânica e a poesia para empregar as substâncias minerais como paradigma para o poema e modelo de uma disposição psicológica desejável. A exaltação do mineral — seja transformado em arte ou em seu estado natural — se opõe à transitoriedade da matéria orgânica e das manifestações da psique. Em "Os primos" se inclui o motivo da estátua. "Meus primos / todos em pedra / na praça comum..." A princípio, esta petrificação, que também afeta o protagonista do poema, pode parecer um estado negativo. Entretanto os oito últimos versos sugerem exatamente o contrário:

> Entre nossas pedras
> (uma ave que voa,
> um raio de sol)
> um amor mineral,
> a simpatia, a amizade
> de pedra a pedra
> entre nossos mármores
> recíprocos. (345)

O poema parece libertar as emoções (amor, simpatia, amizade) de sua condição frágil, retirando-as do fluxo do tempo, a fim de que a natureza mineral garanta sua durabilidade.

Visto o valor positivo das substâncias minerais, é fácil entender por que a arquitetura, com suas construções sólidas de "aço e cimento", torna-se o principal modelo para a poesia. Este modelo, permanente na obra de Cabral, tem outras ramificações. O próprio Cabral já reconheceu mais de uma vez a influência da arquitetura em sua poética, principalmente através da obra de Le Corbusier. Numa entrevista de 1972, Cabral faz o seguinte comentário: "Nenhum poeta, nenhum crítico, nenhum filósofo exerceu sobre mim a influência de Le Corbusier. Durante muito tempo significou para mim lucidez, claridade, construtivismo. Em suma: o predomínio da inteligência sobre o instinto"[3]. É bem verdade que várias vezes, inclusive no diálogo *Eupalinos ou l'architecte* (1924), Valéry também desenvolveu a metáfora do poema como construção arquitetônica[4]. Entretanto, deixando de lado questões relativas à influên-

---

3. "Arquitetura do Verso", **Veja**, 28 de julho de 1972, pp. 3-4.
4. Sobre a dificuldade de se construir com palavras, Sócrates observa: "...Il est impossible de les conduire (i.e. les paroles) à des développements certains et éloignés, sans se perdre. dans leur ramifications infinies... Il faut donc ajuster ces paroles complexes comme des blocs irréguliers, spéculant sur les chances et les surprises que les arrangements de cette sorte nous réservent, et donner le nom de "poètes" a ceux que la fortune favorise dans ce travail". A isto responde Fedro: "Tu sembles conquis toi-même à l'adoration de l'architecture: Voici que tu ne peux parler sans emprunter de l'art majeur, ses images et son ferme idéal". **Eupalinos ou l'architecte** (Paris: Gallimard, 1924) pp. 149-150.

cia e à primazia de uma sobre outra, podemos observar paralelismos interessantes entre a nova estética de Cabral e os preceitos de Le Corbusier. Em seu primeiro livro, *Towards a New Architecture* (1923), Le Corbusier propõe um rompimento com o passado recente e um novo ponto de partida, uma arquitetura onde as formas geométricas simples, utilizadas de maneira funcional, criem o belo. Claridade e luz, economia de recursos e o planejamento racional deixados à mostra na coordenação visual das formas, são princípios importantes para Le Corbusier.

Nossos olhos são construídos de tal modo que possamos ver as formas à luz. As formas primárias são belas porque podem ser apreciadas claramente.

A arquitetura é o jogo magistral, preciso e magnífico de massas reunidas sob a luz.

A ausência de verbosidade, uma disposição harmônica, uma única idéia, ousadia e unidade na construção, o emprego de formas elementares. Uma moralidade sadia [5].

Estas idéias de Le Corbusier, sua concepção de um estilo arquitetônico funcional e sua equiparação de economia e claridade de formas com saúde moral se revelam também na linguagem poética do Cabral desta fase. Entre as várias inovações formais importantes em *O Engenheiro* encontram-se o já citado *parti pris* de trabalhar com um vocabulário limitado, o uso sistemático de antíteses (fluido x sólido, orgânico x mineral, preto x branco, dia x noite), a repetição de palavras, frases, estruturas sintáticas, e a nomeação de "coisas claras" — referência a objetos simples, a formas primárias. O último poema da coletânea, "Pequena ode mineral" (360), pode ilustrar todos estes recursos e indicar novos matizes da poética das coisas claras.

Este poema, um dos mais elaborados do livro, compõe-se de duas seções paralelas, cada uma contendo seis quadras. Nelas, Cabral desenvolve a antítese entre a natureza transitória da existência física e psíquica e a durabilidade da pedra. A primeira idéia se exprime de maneira sucinta na frase "desordem na alma", e a segunda, no imperativo "procura a ordem". Há regularidade nas estrofes (a quadra já se emprega com freqüência em *O Engenheiro)* e nos versos de quatro ou

---

5. Le Corbusier, **Towards a New Architecture** (NewYork: Praeger, 1960), pp. 8, 31, 146-147.

cinco sílabas. Embora não haja um esquema rímico regular, as sílabas *ece* e suas variantes *aça, ersa, ence, encio* e *encia,* que aparecem em 16 das 48 palavras em posição de rima, quase sempre próximas umas das outras, criam um padrão sutil de repetição sonora. A voz narrativa constantemente se dirige a um *tu* no tom didático e confiante de quem sabe o que almejar, rejeitar e aconselhar.

A primeira metade do poema descreve a "desordem na alma". A dispersão da alma corresponde à desintegração do corpo no tempo. É como se a fragilidade da carne fosse a superfície visível da desordem interior:

> Desordem na alma
> que se atropela
> sob esta carne
> que transparece.
> . . . .
> Tua alma escapa
> como este corpo
> solto no tempo
> que nada impede.

A desordem define-se com substantivos e adjetivos que indicam contornos vagos ("vaga fumaça", "informe nuvem"), e com verbos que denotam movimentos rápidos, passageiros e descontrolados ("se atropela", "foge", "se dispersa", "escapa"). A alma em desordem, semelhante ao *eu* de *Pedra do Sono,* está sempre ameaçada por forças desagregadoras: não só o tempo e a morte, mas também a multiplicidade interna que revela aspectos desconhecidos da personalidade:

> informe nuvem
> que de ti cresce
> e cuja face
> nem reconheces.

A segunda metade do poema oferece uma solução, ou pelo menos um paliativo, para a natureza transitória e incontrolável do corpo e da alma, com o conselho: "Procura a ordem/ que vês na pedra". Este imperativo alude à atividade poética característica de *O Engenheiro,* onde a busca da ordem ocorre a nível tanto temático quanto formal. "A pedra" funciona de maneira semelhante à dos objetos de "A mesa", estabelecendo padrões de qualidades físicas e morais desejáveis. Neste caso, entretanto, o processo é mais explícito que implícito e a pedra não é um objeto particular, mas sim o representante quintessencial das substâncias sólidas. Aos poucos, as vantagens inerentes à pedra — sua durabilidade, sua forma estável e auto-suficiente, sua invulnerabilidade ao tempo — vão superando as imperfeições da condição humana. Por excluir a desordem interna e a dispersão, a pedra é capaz de penetrar nas profundezas de outras substâncias:

> Pesado sólido
> que ao fluido vence,
> que sempre ao fundo
> das coisas desce. (361)

Este processo é paralelo ao que Cabral utiliza quando esquiva-se às vicissitudes interiores para atender melhor ao significado das coisas exteriores.

As duas últimas quadras desenvolvem a oposição entre as inúteis e fugazes "palavras ditas" e o silêncio da pedra que paradoxalmente fala:

> Procura a ordem
> desse silêncio
> que imóvel fala:
> silêncio puro
>
> de pura espécie,
> voz de silêncio,
> mais do que a ausência
> que as vozes ferem. (361)

A repetição do oximoro — "silêncio que imóvel fala", "voz de silêncio" — remete ao silêncio das substâncias materiais para as quais o poeta quer servir de intérprete. Como observa Francis Ponge em *Méthodes*, "j'ai le sentiment d'instances muettes de la parte des choses, solliciteraient de nous qu'enfin 'on s'occupe d'elles et les parle...'", já que os poetas são "les ambassadeurs du monde muet"[6]. Cabral parece referir-se também a sua própria estética de economia verbal, de eliminação rigorosa e, por extensão, de um silêncio que fala. E talvez em mais uma camada de alusão, a voz da pedra sirva de emblema ao que há de ambíguo e enigmático na poética das coisas claras. Esta ambigüidade não provém do vago, nem de articulações surpreendentes ou misteriosas de objetos e seres, como em *Pedra do Sono*, mas das possibilidades alusivas de uma imagem visual

---

6. **Méthodes** (Paris: Gallimard, 1961), p. 231 e 205.

— a pedra, neste caso — cuja função se define precisamente. A polivalência resulta dos significados simbólicos implicados pelo objeto no contexto em que ocorre. Embora "Pequena ode" manifeste um comentário metapoético, registra, principalmente, uma visão de segurança e permanência, possibilitadas por uma aliança com o concreto. Esta disciplina rígida, a imitação da pedra, se opõe à natureza orgânica e humana e é, em última análise, impossível. Lauro Escorel, intérprete sagaz dos conflitos psicológicos que aparecem como temas na poesia de Cabral, faz o seguinte comentário sobre a pedra como símbolo básico:

A Pedra representa, de um lado, todo o seu ideal de contenção emocional, de perfeição geométrica, de lucidez intelectual, de ordem e paz; mas é, também, símbolo de ascese e esterilização afetiva, mecanismo de defesa contra tudo o que de irracional, de mórbido e de caótico ameaça emergir de seu abismo interior [7].

Em "Pequena ode", a pedra recebe conotação positiva representando a tranqüilidade que se origina no afastamento da desordem interior. Voltando-se para o exterior o indivíduo dará mais ouvido à voz silenciosa da matéria do que a qualquer voz imprevisível vinda do seu interior. No entanto, embora a pedra represente um desligamento dos processos internos, o poema mostra claramente ao apontá-la como modelo, o poder simbólico dos objetos e sua capacidade de atrair e de revelar as tendências da subjetividade: a fuga à desordem, a busca de uma ordem especial. Sendo assim, a exaltação do mineral, bem como o desejo de construir formas claras e estáveis, não aludem apenas à elaboração do poema. Da mesma forma que a solidez da pedra serve como padrão moral — exemplo máximo daquilo que, sendo nitidamente exterior ativa o interior — o empenho do engenheiro se dirige em parte para a construção de um novo *eu*. Aquilo que o arquiteto de Valéry, Eupalinos, percebeu como um subproduto quase acidental do ato construtivo — "A force de construire, me fit-il en souriant, je crois bien que je me suis construit moi-même"[8] — se constitui num tema fundamental dos poemas que compõem a nova poética de Cabral em *O Engenheiro*.

---

7. Lauro Escorel, **op. cit.**, p. 32.
8. **Eupalinos ou l'architecte, op. cit.**, p. 103.

3. "CULTIVAR O DESERTO COMO UM POMAR ÀS AVESSAS":

PSICOLOGIA DA COMPOSIÇÃO

Psicologia da Composição (1947) inclui a "Fábula de Anfion" e "Antiode", além do poema-título; os três são explicitamente poemas sobre poesia. Este "tríptico da poética negativa", como os denominou Benedito Nunes[1], indaga a eficácia e os limites do controle racional no ato da composição, cujos mecanismos ou "psicologia" os poemas isolam e expõem.

Estes poemas, momentos de intensa meditação sobre os problemas da composição, anteriores à mudança ocorrida na poesia de Cabral em *O Cão sem Plumas*, *O Rio* e *Morte e Vida Severina*, já foram bastante estudados pela crítica. São textos difíceis, às vezes enigmáticos, e os críticos discordam quanto à extensão e ao significado da negação que os poemas propõem. Angel Crespo e Pilar Gómez Bedate, por exemplo, escrevem

---

1. João Cabral de Melo Neto, p. 46.

que em "Fábula de Anfion", "la tendencia al nihilismo y la negación de la poesía que se advierte en su obra anterior halla... su clímax"[2]. Luís Costa Lima acha que "João Cabral, no período estudado, coloca-se em uma posição de impasse. Ele sabe o que não fazer — a flauta jogada fora — porém daí não se extrai diretamente a linha a fecunda"[3]. É interessante observar que na entrevista transcrita por Fábio Freixieiro, 22 anos depois da composição dos poemas, a interpretação do próprio Cabral ressalta o caráter negativo do poema.

Talvez por influência de Valéry e outros, sempre Cabral considerou escrever uma deficiência. Quando escrevia a *Psicologia da Composição*, este ia ser seu último livro; não desejava escrever mais nada. "Antiode" é uma sátira à poesia; Anfion vai para o deserto porque acha que criar é uma doença: lá não seria obrigado a criar; mas acaba criando sem querer. A poesia, dessa forma, seria uma deficiência, uma inferioridade, compensação de uma neurose qualquer. O ideal do deserto ("Fábula de Anfion") seria o de nunca mais compor, nunca mais fazer nada, o puro expurgo da Poesia [4].

José Guilherme Merquior, por outro lado, em uma análise detalhada de "Fábula de Anfion", se opõe às interpretações negativas, por encontrar no poema "[uma] visão de uma dialética entre a lucidez e a inspiração"[5]. Ao meu ver, as leituras críticas que vêem nos poemas uma simples rejeição sem nenhuma direção positiva, ou que assimilam todos os elementos negativos numa poética positiva, não levam em conta importantes componentes dos textos. Benedito Nunes, com uma percepção mais acurada, enfatiza o papel da "depuração e o esvaziamento, operações básicas da poética negativa", como técnicas de negação que servem para afirmar uma poética baseada num exame crítico do lirismo[6]. Mais recentemente, nesta mesma linha, J. A. Barbosa interpreta "a negatividade não como recuo mas como recusa a partir da qual é possível repensar os dados da criação"[7].

---

2. "Realidad y forma en la poesía de Cabral de Melo", **Revista de cultura brasileña**, Madrid, 8 (1964), p. 33.
3. **Lira e Antilira**, p. 281.
4. **Da Razão à Emoção II**, p. 188.
5. "Nuvem Civil Sonhada", in **A Astúcia de Mimese**, p. 115.
6. **João Cabral de Melo Neto**, p. 63.
7. **A Imitação da Forma**, p. 58. Ver também Modesto Carone, **A Poética do Silêncio, op. cit.**, pp. 83-110, publicado depois de escrito este ensaio (Coleção Debates n.º 151), Carone se fundamenta no texto destes três poemas ao elaborar a sua definição do silêncio na obra de João Cabral.

Os poemas, muitas vezes agressivos com relação a certos estilos e vícios da poesia, propõem ao mesmo tempo uma poética positiva, embora, como sugere a afirmação de Cabral, também contenham passagens de revolta e rejeição total. As diferentes atitudes contidas nos poemas em relação à poesia e à composição não podem ser agrupadas numa posição unívoca. Os tipos de poesia ou de ausência de poesia que os poemas delineiam e o valor atribuído a cada um, reduzidos a um esquema apontariam em três direções:

(1) Um ataque, às vezes brutal, a uma poesia minada pelas forças da arbitrariedade e ocasionada pelos sentimentos pessoais do autor. Nela, falta a construção e sobram o banal e o espontâneo, inclusive a repetição mecânica de recursos poéticos desgastados. Em "Antiode", este tipo de poesia chama-se "poesia profunda". Freqüentemente, associa-se com a escuridão, o crescimento orgânico, animais selvagens, matéria morta ou em decomposição. Em seu ensaio "Poesia e Composição — A Inspiração e o Trabalho de Arte" (1952), Cabral escreve sobre poetas "que encontram a poesia", usando metáforas que associam a poesia à vida vegetal e animal: "Os poemas neles são de iniciativa da poesia. Brotam, caem, mais do que se compõem. E o ato de escrever o poema, que neles se limita quase ao ato de registrar a voz que os surpreende, é um ato mínimo, rápido, em que o poeta se apaga para melhor ouvir a voz descida, se faz passivo para que na captura não se derrame de todo esse pássaro fluido"[8]. Encarada o mais das vezes sob um prisma negativo, esta poesia é ocasionalmente vista como misteriosa e envolvente, talvez por haver o próprio Cabral aderido a ela em sua primeira fase (*Pedra do Sono*).

(2) Uma poesia que se constrói a partir de uma rejeição dos temas e dos métodos de composição mencionados acima. Fruto de uma busca paciente, ela se atinge através do esforço árduo, lúcido e atento. O ato de tecer, ou qualquer trabalho de demorada elaboração, as substâncias minerais, o deserto, o sol, e o silêncio, são metáforas freqüentes que ex-

---

8. "Poesia e Composição — A Inspiração e o Trabalho de Arte". (Conferência pronunciada na Biblioteca do Clube Brasileiro de Poesia, 1952), in **Revista Brasileira de Poesia**, São Paulo VII (abril, 1956) p. 2.

primem o fazer e o produto final deste tipo de poesia.

(3) A rejeição da poesia. A obra de João Cabral se coloca na fronteira incerta entre a produtividade e a esterilidade — "o verso / que é possível não fazer" (331). A esterilidade — também manifestada pelo silêncio, o deserto e o vazio — tanto pode ser uma rejeição violenta quanto uma maneira de fugir às duras exigências, ou ao fracasso, da poesia escolhida.

Estas três direções que a poesia pode seguir — a ameaça da poesia lírica de frouxa construção, a difícil alternativa da poesia construída, e a tentação ou a procura do silêncio — reaparecem em todos os poemas. Surge uma certa coerência, à medida que se estabelece um *continuum* que vai da forma lírica rejeitada até a esterilidade que também põe em risco o tipo de poesia preferido.

A avaliação dos diversos tipos de poesia não se desenvolve apenas discursivamente, mas através de recursos especificamente literários, como, por exemplo, a forma da fábula em "Anfion" e a imagística nos três poemas. Ao observarmos a direção que toma o "fazer poesia com coisas" nesta etapa da obra de Cabral, abre-se uma perspectiva bastante esclarecedora. Os objetos e substâncias, em lugar de funcionarem como representantes do eu-lírico ou como as admiradas coisas claras do mundo exterior, desempenham um novo papel como símbolos e componentes de tropos numa poesia fundada na argumentação intelectual. A imagística apóia a apresentação vigorosa da busca de um determinado tipo de poesia. Mas é nos matizes desta imagística que se pode verificar uma certa ambigüidade na poética de João Cabral, na medida em que se alternam surpreendentemente os valores de alguns símbolos e imagens. A organização de substâncias e objetos em categorias que se opõem — mineral / orgânico, estéril / fértil, morto / vivo — constitui-se num recurso fundamental em *Psicologia da Composição*. Vejamos de que maneira a estrutura de relações que emerge de cada poema forma uma rede que sustenta e revela as ramificações do argumento.

56

Fábula de Anfion

Como o título e o protagonista mitológico indicam, o poema encerra uma significação que o leitor deve descobrir. No mito grego, o som da lira de Anfion é tão sedutor que as pedras se movem e se colocam nos lugares desejados, ajudando o músico a construir uma muralha em volta de Tebas, ou, segundo outra versão, a própria Tebas. Também Valéry foi buscar no mito grego esta junção da música e da arquitetura. Sua peça *Amphion* (1931) celebra a poesia como o encontro destas duas artes. Ao contrário do poema de Valéry, o de Cabral, usando o mesmo mito, descreve a procura de uma poesia depurada da música e do lirismo. Anfion busca "as secas planícies / da alma", "no deserto, entre a / paisagem de seu vocabulário", onde "sua flauta seca", mas a intervenção do acaso provoca o súbito florescer da "flauta extinta". Esta interferência surpreendente e indesejada da música cria uma Tebas decepcionante, que Anfion rejeita. O enredo de busca e rejeição é sustentado por uma oposição de categorias simbólicas. Os leitores da poesia anterior de Cabral já encontraram em *Os Três Mal-Amados* e *O Engenheiro* as oposições mineral/orgânico, claridade/escuridão, silêncio/som, que neste poema são usadas ampla e sistematicamente.

A "Fábula de Anfion" divide-se em três partes numeradas e tituladas: (1) "O deserto", (2) "O acaso", (3) "Anfion em Tebas". Em cada uma das partes há diversas seções de extensão variada, contendo na margem um breve resumo do enredo ou do tema. A primeira seção, "Anfion chega ao deserto" (321), começa a definir as forças em oposição no poema. Compõe-se de uma longa frase onde aparecem repetidas vezes o nome de Anfion e indicações de lugar. O deserto e Anfion se colocam em oposição a tudo que o deserto exclui: a vida animal e vegetal e até mesmo a passagem do tempo: "ar mineral / isento mesmo da alada / vegetação"; "no deserto / que fogem as nuvens / trazendo no bojo / as gordas estações". Dentro da lógica do poema, num esquema de contrastes semelhante ao desenvolvido em "Pequena ode mineral", o complexo do deserto extrai sua pureza de uma rejeição dos processos da vida orgânica: "entre pedras / como frutos esquecidos / que não quiseram amadurecer". Esta rejeição parece ser um esforço voluntário; a comparação de pedras a "frutos esquecidos" também sugere que o deserto é uma provação temporária, que talvez não persista para sempre, uma prefiguração do enredo do poema.

As duas forças em oposição no poema se delineiam na primeira seção de (1): por um lado, o que o deserto é, contém, e causa; por outro lado, o que o deserto exclui e que também o ameaça. As quatro seções seguintes, intituladas "O deserto", "Sua flauta seca", "O sol do deserto" e "Anfion pensa ter encontrado a esterilidade que procurava", continuam a definir este contraste, fornecendo novos elementos para as categorias em oposição. Às vezes, declara-se explicitamente o que o deserto contém e o que exclui. Outro método de estender e reforçar a oposição entre o que o deserto abrange ou elimina depende de analogias. Um elemento que adquire seu valor por ser incluído no deserto ou por ser dele excluído é comparado a outro que assim passa à mesma categoria:

> Ali, nada sobrou da noite
> como ervas
> entre pedras
>
> Ali, é uma terra branca
> e ávida
> como a cal (322)

Os elementos cuja ausência faz secar a flauta, assim como as substâncias a eles associadas, entram para a categoria das coisas que o deserto proíbe:

> sem a terra doce
> de água e de sono;
> sem os grãos do amor
> trazidos na brisa (322)

"Grãos do amor", frase que aproxima um sentimento à fertilidade vegetal, nos leva a classificar as emoções como elementos banidos do deserto; "terra doce", "água", "sono", sugerem a espontaneidade e a facilidade que o deserto exclui.

O processo pelo qual o deserto estabelece seu rigor é uma disciplina difícil, e os elementos que caem sob a influência do deserto guardam traços de seu estado anterior.

> Ao sol do deserto e
> no silêncio atingido
> como a uma amêndoa.
> sua flauta seca. (322)

O aspecto mais importante do símile é a dificuldade com que se atinge o silêncio, mas "amêndoa", substância orgânica que por sua forma e dureza sugere uma pedra, reafirma a transformação do vegetal em mineral forjada pelo deserto. A descrição da flauta seca também exprime a ambigüidade do orgânico dominado por uma força mineralizadora mas ainda retendo um resto de vida:

> sua flauta seca:
> como alguma pedra
> ainda branda, ou lábios
> ao vento marinho. (322)

O princípio que dita a disposição das substâncias no poema é, obviamente, uma lógica poética e não empírica: "o ar mineral" e "a terra doce", por exemplo, estão em categorias opostas; o ar se torna mineral por contágio e a terra se alinha com o orgânico, já que permite o crescimento vegetal.

Outro aspecto da atividade do deserto é sua avidez, sua fome: "terra branca / e ávida / como a cal"; "o sol do deserto, / lúcido, que preside / a essa fome vazia". O vazio ativo se torna um tema importante no poema: fome, esterilidade e silêncio são forças agressivas, comparadas a uma faca e a uma lâmina. O deserto como "a folha branca" é uma interpretação sugerida pelos versos iniciais do poema ("No deserto / entre a paisagem de seu / vocabulário" e confirmada pela reincidência da página branca e sua relação com o sol e as substâncias minerais em *O Engenheiro* e mais tarde em "Psicologia da Composição". O ensaio de Cabral sobre Joan Miró (1950) contém um trecho que esclarece o significado do vazio ativo na teoria da composição do próprio Cabral:

> ...essa valorização do fazer, esse colocar o trabalho em si mesmo, esse partir das próprias condições do trabalho e não das exigências de uma substância cristalizada anteriormente, tem na obra de Miró, uma outra utilidade. Esse conceito de trabalho, em virtude, principalmente, dessa disponibilidade

e vazio inicial, permite, ao artista, o exercício de um julgamento minucioso e permanente sobre cada mínimo resultado a que seu trabalho vai chegando [9].

Também para Cabral a ênfase no fazer limitará o processo de composição à folha branca, anulando quaisquer "exigências de uma substância cristalizada anteriormente". Como poderíamos lembrar, em *Os Três Mal-Amados* a folha branca se constitui numa barreira explícita contra os sentimentos: "a folha em branco, barreira oposta ao rio impreciso que ocorre em regiões de alguma parte de nós mesmos" (371). "Disponibilidade e vazio inicial", condições que podem se tornar criativas por incentivarem o exercício da atenção, dependem então da negação anterior representada em "Anfion" como efeito do deserto: a eliminação da noite e da água, o emudecimento da flauta e a assolação da vida orgânica. Mas a insistência em "deserto", "esterilidade", "silêncio" e "mudez" também pode ser interpretada literalmente como a busca da ausência da poesia. Grande parte da complexidade do poema decorre dos significados antitéticos implícitos em "deserto" e palavras correlatas: por um lado, a defesa de um certo tipo de poesia, que pode ser descrita em termos de rigor e contenção, e por outro, a rejeição da poesia.

A conseqüência da mudez de Anfion na última seção da primeira parte, "Anfion pensa ter encontrado a esterilidade que procurava" (323), está contida em um complicado sistema de imagens inter-relacionadas: uma oposição implícita mineral / orgânica, justaposta aos objetos "relógio" e "faca". "Concha", o abrigo vazio da vida orgânica, sugere a transformação do orgânico em mineral e da música em silêncio pois se distingue de "búzio", palavra que significa não só concha em forma de espiral mas também trombeta.

> será de mudo cimento,
> não será um búzio
>
> a concha que é o resto
> de dia de seu dia:
> exato, passará pelo relógio,
> como de uma faca o fio (323)

O silêncio, concha muda de Anfion, irá caracterizar sua própria duração pessoal, "o resto de dia de seu dia". O

---

9. **Joan Miró** (Rio de Janeiro: Cadernos de Cultura, Ministério da Educação, 1952), p. 34.

silêncio do deserto esvazia, assim, o poder renovador do tempo.

A esterilidade que Anfion julga ter encontrado revela-se ilusória quando, na segunda parte do poema, surge o acaso. Em "Encontro com o acaso" (232-4) Anfion está no deserto "entre os / esqueletos do antigo / vocabulário", uma metáfora ambígua, que sugere tanto uma redução violenta a um enunciado essencial quando um definhamento culminando no silêncio. As imagens têxteis "no deserto, cinza / e areia como um / lençol"; "no deserto, mais, no / castiço linho do / meio-dia" — têm dois aspectos: definem o deserto como algo feito através de um esforço paciente semelhante ao trabalho de tecer, e sugerem também brancura, limpeza, um impulso de purificação. Embora Anfion esteja silencioso, "lavado / de todo canto", seu silêncio é "desperto e ativo como / uma lâmina" resultando não em um estado de passividade, mas em um estado de alerta agressividade. Este silêncio assemelha-se menos ao "conforto da poesia ida" (351) do que ao efeito da folha branca em "Psicologia da Composição":

> Esta folha branca
> me proscreve o sonho,
> me incita ao verso
> nítido e preciso. (328)

A apóstrofe ao acaso que vem destruir o silêncio de Anfion, tão arduamente conseguido, é marcada por um curioso tom de admiração. O acaso se traduz metaforicamente por animais que conotam mistério, agressividade, força: "raro / animal", "força / de cavalo", "cabeça / que ninguém viu", "vespa / oculta nas vagas, dobras da alva / distração", "inseto / vencendo o silêncio / como um camelo / sobrevive a sede". A inesperada inversão que o acaso produz no deserto encontra um eco na também inesperada mudança de valores que os tropos que o definem trazem ao poema: as coisas vivas, negativas durante o domínio do deserto, adquirem um *status* um tanto positivo. A ambivalência em relação ao acaso também aparece na metáfora "cachorra de esfinge", onde "cachorra", palavra pejorativa, se combina subversivamente com "esfinge", referência mitológica prestigiosa:

...O acaso

> súbito condensou:
> em esfinge, na
> cachorra de esfinge
> que lhe mordia
> a mão escassa;
> que lhe roía
> o osso antigo
> logo florescido
> da flauta extinta. (324)

A mão e a flauta de Anfion, "áridas do exercício / puro do nada", parecem débeis em comparação ao vigor do acaso e ao seu ataque. O acaso é um conceito obviamente relacionado ao "hasard" de Mallarmé[10]. Para Cabral, o acaso, que também aparece como "distração", indica não apenas a inspiração mas também tudo aquilo que não pode ser controlado — o espontâneo, o fortuito, o refratário — e que se impinge sobre uma composição dirigida pela inteligência racional, ou talvez, sobre o desejo de evitar a composição.

A troca de valores na linguagem figurada estende-se até a última seção de (2). Enigmas, mistério, noite, anteriormente negativos, agora se associam a termos positivos: frescor, precisão, luz, espaço aberto.

> Diz a mitologia
> (arejadas salas, de
> nítidos enigmas
> povoadas, mariscos
> ou simples nozes
> cuja noite guardada
> à luz e ao ar livre
> persiste, sem se dissolver)
> diz, ao aéreo parto
> daquele milagre. (325)

---

10. Segundo George Poulet, o conceito de "hasard" em Mallarmé também está sujeito a ambiguidade e contradição:

"A duração de Mallarmé nega e afirma a um só tempo a existência do acaso.

"Como podemos explicar esta contradição da qual Mallarmé não consegue escapar, já que seu poema para ser o que ele **deseja**, tem de ser uma ordenação da qual ele próprio é o mestre absoluto; e por outro lado, para **ser**, seu poema tem de existir sob a única forma possível de existência humana, sob a forma de um empreendimento perigoso, de um conflito, de uma ação, de uma tempestade 'existencial'?

"Mas a resposta de Mallarmé é muito clara. 'Todo o acaso deve ser banido da obra moderna; só pode ser **fingido'**. A 'obra moderna' é, portanto, uma disposição proposital de palavras e noções, onde nada é deixado ao acaso, exceto um lugar, e este é inteiramente fictício... Não há acaso no poema de Mallarmé, exceto um acaso fictício, um 'acaso infinitamente reduzido'. Como para Boileau, a desordem para Mallarmé é um efeito da arte."

"Mallarmé", em **The Interior Distance**, trad. de Elliot Coleman (Ann Arbor: The University of Michigan Press, 1964), p. 277-278.

A mitologia, assim como o acaso ("vencendo o silêncio / como um camelo / sobrevive à sede"), predomina sobre a ascese do deserto. Resiste ao esclarecimento completo, e seus "nítidos enigmas" persistem com a ajuda da dissimulação: um centro "vivo", como o interior de uma concha ou noz, se esconde na camada "mineral" exterior. É a mitologia que anuncia a criação de Tebas, ressaltando a facilidade com a qual o tempo da cidade, sua existência como um objeto construído, se inaugura dentro do fluir do tempo:

> Quando a flauta soou
> um tempo se desdobrou
> do tempo, como uma caixa
> de dentro de outra caixa. (325)

A facilidade desta criação por meio da música e do acaso deixa uma marca negativa na cidade ou no poema ("a injusta sintaxe / que fundou"). Anfion, "entre Tebas", e "ante Tebas", procura o deserto através de Tebas, "como / a um tecido que / se buscasse adivinhar / pelo avesso", colocando a cidade e o deserto em antítese. Nesta terceira seção, o poema retoma o uso pejorativo da vegetação fértil. A estrutura decepcionante de Tebas é substanciada pela invasão de plantas exuberantes, ativas e vivas, envolvendo Anfion "entre / mãos frutíferas, entre / a copada folhagem / de gestos". A antítese desta paisagem, "[as] ainda possíveis, / secas planícies / da alma", indica que as plantas simbolizam a vida afetiva, como já foi sugerido anteriormente no poema.

Nas duas últimas seções, Anfion lamenta sua obra, sublinhando o fato de que na cidade, construída de tijolo e de terra que permitem o crescimento das plantas, o reino vegetal está presente em toda parte. A distinção e a separação — operações sobre as quais se fundamentava a disciplina do deserto — não são mais possíveis:

> Esta cidade, Tebas,
> não a quisera assim
> de tijolos plantada,
>
> que a terra e a flora
> procuram reaver
> a sua origem menor:
>
> como já distinguir
> onde começa a hera, a argila,
> ou a terra acaba?

A construção fracassa ao ser reabsorvida pela natureza. Tebas, ou o poema, mostra sua "origem menor": sua procedência arbitrária ligada aos sentimentos do poeta, aos caprichos do acaso. Valéry, no prefácio de *Amphion,* define "a idéia de *construção,* que significa passar da desordem à ordem e usar o arbitrário para atingir o necessário (...)"[11] O poema de João Cabral registra o movimento inverso, da ordem à desordem. Anfion lamenta o fato de que, em sua cidade, o arbitrário esteja obviamente dominando, invadindo sua construção. A cidade ideal desejada possui uma uniformidade de superfície, pureza, lucidez, brancura e uma levez que implicam ausência de ligação a uma "origem menor":

> Desejei longamente
> liso muro, e branco,
> puro sol em si
>
> como qualquer laranja;
> leve laje sonhei
> largada no espaço.
>
> **Onde a cidade**
> volante, a nuvem
> civil sonhada?

Anfion, envolvido pelas mãos e pelos gestos da folhagem, não atinge a libertação encarada por João Cabral como um objetivo do trabalho artístico: "desligar o poema de seu criador, dando-lhe uma vida objetiva independente, uma validade que para ser percebida dispensa qualquer referência posterior à pessoa de seu criador ou às circunstâncias de sua criação..."[12] A cidade ideal, leve, flutuando no espaço, representaria o produto final de um ato de construção bem realizado. Um dos tropos que descrevem a cidade deve seu efeito surpreendente ao fato de violar as fronteiras da dicotomia mineral / orgânico estabelecida no poema: "laranja" neste contexto não representa vida vegetal, mas em sua clareza de forma e cor, e em sua auto-suficiência, sugere campos semânticos geralmente representados pelo mineral.

Na última seção do poema, imagens convencionalmente positivas, mas que neste poema têm um sentido

---

11. **Amphion,** in **Plays,** vol. III dos **Collected Works of Paul Valéry** (New York: Pantheon Books, 1960), p. 213.
12. "Poesia e Composição — A Inspiração e o Trabalho de Arte", p. .8

negativo, criam um curioso efeito de ambivalência, pois Anfion parece louvar a flauta ao mesmo tempo que a rejeita. Cada estrofe faz uma pergunta, cuja resposta é o gesto descrito na última estrofe:

> A flauta, eu a joguei
> aos peixes surdo-
> mudos do mar. (327)

A flauta é descrita em termos de animais selvagens, fertilidade vegetal e movimento do mar — o poder imprevisível da natureza. Alguns tropos ecoam as metáforas utilizadas na apóstrofe ao acaso.

> Uma flauta: como
> dominá-la, cavalo
> solto, que é louco?
>
> Como antecipar
> a árvore de som
> de tal semente?
> . . . .
>
> como traçar suas ondas
> antecipadamente, como faz,
> no tempo, o mar?

A flauta, a princípio tornada seca pelo silêncio e pelo deserto, depois transformada pelo acaso de "extinta" em "florescida", passa do orgânico ao mineral, e volta ao orgânico. As metáforas que descrevem este último estado sugerem uma estreita relação entre a flauta e a força do acaso que a transformou, e o poema deixa entrever uma admiração cautelosa pela energia de ambos.

Devido ao duplo significado das palavras deserto, esterilidade e silêncio — palavras que exprimem tanto uma ausência da poesia quanto uma poesia despojada — o último gesto de Anfion, e daí todo o poema, fica sujeito a duas interpretações. Pode significar que Anfion reafirma sua intenção, ou de parar de escrever, ou de procurar uma vez mais uma poesia semelhante ao deserto, tomando maiores precauções. Desfazendo-se da flauta, pode buscar um novo meio, livre do elemento incontrolável do lirismo. Como a flauta e o acaso são descritos em termos semelhantes, uma poesia independente da flauta seria menos vulnerável ao imprevisível.

"Fábula de Anfion" demonstra o tipo de poesia sugerida pelo conjunto de símbolos relacionados com o deserto, possibilitando assim uma interpretação mais positiva do poema como a busca de uma disciplina produtiva. "Anfion" é um poema que de diversas maneiras está sempre chamando atenção para sua própria estrutura formal. A utilização da fábula, as divisões do poema em três partes, as anotações nas margens indicando o assunto de cada seção, os inúmeros trechos entre parênteses, as oposições na imagística — tudo isso indica um controle formal, um procedimento guiado por um modelo preestabelecido. A sintaxe paralela da primeira seção de cada uma das três partes — frases longas, onde o verbo principal só aparece no penúltimo verso, repetindo o nome de Anfion e as referências a lugares — também contribuem para evidenciar o arranjo formal do poema. Mas a forma nunca manifesta uma regularidade mecânica. Uma sensação de desequilíbrio provém das unidades sintáticas que muitas vezes não coincidem com a divisão em versos. Freqüentemente colocam-se no final do verso artigos, preposições e conjunções, o que obriga o leitor a lhes dar uma atenção especial:

> no deserto, entre a
> paisagem de seu
> vocabulário... (321)

> no deserto, mais, no
> castiço linho do
> meio-dia... (324)

> desperto e ativo como
> uma lâmina... (324)

Muitas vezes a divisão em versos separa os adjetivos dos substantivos por eles modificados:

> Ó acaso, raro
> animal... (324)

> O sol do deserto
> não choca os velhos
> ovos do mistério. (323)

Estas divisões, estranhas do ponto de vista sintático, além de exigirem atenção do leitor e de manterem certa instabilidade, fazem parte de uma linguagem reduzida ao essencial, "esqueletos do antigo vocabulário". Contribuem também para este efeito de concisão e frugalidade a constante repetição de palavras e frases e a utilização de versos curtos, de 4 a 6 sílabas.

66

"A Fábula de Anfion", portanto, demonstra formalmente certo tipo de poesia, mas tematicamente evoca uma visão multifacetada, ambivalente, da poesia. O enredo, sustentado por uma imagística construída a partir de oposições, reforça a separação entre o deserto, de um lado, e a vida e o crescimento de outro; apresenta a transformação do orgânico em mineral como um processo árduo, difícil de se manter. Porém, em alguns momentos a imagística transmite uma certa admiração pelo vigor do acaso e de tudo quanto ele representa. A utilização de Anfion e do mito grego "pelo avesso" — a negação do lirismo ao invés de sua exaltação — contribui para uma rejeição de poesia lírica, mas uma rejeição que ao mesmo tempo reconhece o poder daquilo que exclui. Além disso, a força do inimigo torna a ascese de Anfion ainda mais difícil, mesmo ao fracassar. Através da negação do mito, Cabral cria uma figura e uma parábola para uma poesia que adquire seu significado por meio de uma difícil eliminação da espontaneidade, das emoções e de outros estilos poéticos. Mas os símbolos com duplas implicações continuam a apontar, de forma ambivalente para dois possíveis objetivos: uma poesia escolhida, próxima da esterilidade e do silêncio, e uma busca da mudez, "o puro expurgo da Poesia".

Psicologia da Composição

Psicologia da Composição consiste em oito poemas autônomos, onde as ramificações da poética cabralina se manifestam de modo mais independente e menos enigmático do que em "Anfion". Cada poema apresenta o ato da composição sob uma perspectiva diferente: a primeira pessoa, a segunda pessoa como *alter ego* do poeta, a terceira pessoa sem qualquer referência à voz emissora. Essas mudanças contribuem para o efeito de descontinuidade da seqüência.

A visão da composição como luta é o denominador comum de toda a série. "[O] verso nítido e preciso" (II) é ameaçado, de um lado, por tudo aquilo que escapa ao controle da lucidez vigilante do poeta: "o acaso" de Anfion aparece aqui como "descuido", "preguiça" (IV), "[o] peso, sempre, das mãos enormes" (VI), simbolizando a inépcia do poeta. A poesia descuidada, de tema ou inspiração onírica, equivale ao brotar de flores sem chances de sobrevivência "neste papel", à luz da "jovem manhã" da autocrítica consciente, que o poeta teme e aguarda, no poema V:

> Neste papel
> logo fenecem
> as roxas, mornas
> flores morais;
> todas as fluidas
> flores da pressa;
> todas as úmidas
> flores do sonho.
>
> (Espera, por isso,
> que a jovem manhã
> te venha revelar
> as flores da véspera). (329)

Por outro lado, o poema é ameaçado pela esterilidade vista como uma alternativa plausível, e até mesmo tentadora: "Cultivar o deserto / como um pomar às avessas" (VII). O ato da composição continua sendo apresentado através de um modelo de conflito e rejeição, como a elaboração de uma forma constantemente ameaçada pelo amorfo.

O poema I define uma oposição entre o poeta, como um indivíduo particular, e o poema:

> Saio de meu poema
> como quem lava as mãos
>
> Algumas conchas tornaram-se,
> que o sol da atenção
> cristalizou; alguma palavra
> que desabrochei, como a um pássaro. (327)

Uma vez terminado o poema, o poeta deseja romper todos os laços entre sua obra e suas lembranças, seu *eu* pessoal. No poema acabado, permanecem apenas vestígios vagos e hipotéticos de qualquer acontecimento pessoal e particular.

> Talvez alguma concha
> dessas (ou pássaro) lembre,
> côncava, o corpo do gesto
> extinto que o ar já preencheu;
>
> talvez, como a camisa
> vazia, que despi. (328)

Embora a seqüência de poemas seja descontínua, há naturalmente, motivos verbais e conjuntos de imagens que se repetem de poema em poema, e que também aparecem em livros anteriores. "O papel", "a folha branca", "a palavra", "a atenção", reaparecem juntamente com suas metáforas correspondentes: "praia pura", "o deserto", "o mineral", "a concha", "o sol", "a jovem manhã". "Noite", "flor", "fruto", também desempenham seus papéis. O sentido destas imagens nem sempre é estável, — um procedimento também usado anteriormente. No poema II, por exemplo,

> Esta folha branca
> me proscreve o sonho,
> me incita ao verso
> nítido e preciso. (328)

No poema VII, por outro lado, o papel não incentiva mas inibe: "É mineral o papel / onde escrever / o verso; o verso / que é possível não fazer". Encontramos também nos poemas a disposição de imagens minerais e orgânicas agrupadas em esquema de oposição. Como já foi mencionado antes, é uma lógica poética que dita a inclusão de um dado item em uma determinada categoria. Assim como o papel, que não é literalmente mineral, se insere nesta categoria, "teu sal" e "o sol da pele", ligados como são ao corpo, se alinham no poema III junto ao orgânico como símbolos de um ato de escrever que inclui sentimentos pessoais:

> Neste papel
> pode seu sal
> virar cinza;
> pode o limão
> virar pedra;
> o sol da pele,
> o trigo do corpo
> virar cinza. (328-9)

A cinza, e mesmo a pedra, geralmente positivas, são negativas aqui sugerindo uma tentativa fracassada de incorporar experiências pessoais ao poema. Assim, embora seja essencial ter em mente a acepção habitual dos símbolos reiterados de Cabral, um dos aspectos de sua técnica nestes poemas é provocar trocas ocasionais de valores, num jogo de permutação que torna-se central em "Antiode", e que também permeia suas obras posteriores. O motivo "flor" já contém em si um duplo valor, pois freqüentemente simboliza a transição de um estado positivo a um negativo. No poema III, as "flores da véspera", murchas, indicam o poema que se revela um fracasso à luz da "jovem manhã". No poema V, flor serve de metáfora para o dia, material do qual as palavras, "abelhas domésticas", retiram o mel da poesia.

> o fio de mel
> (do dia que abriu
> também como flor)
>
> que na noite
> (poço onde vai tombar
> a aérea flor)
> persistirá: louro
> sabor, e ácido,
> contra o açúcar do podre (330)

A flor caindo no poço é o equivalente metafórico da desintegração do dia em noite. Este último termo significa o resíduo não-poético, aquilo que não sofreu transformação.

É interessante observar as vicissitudes das metáforas para a "palavra". No poema VII, a natureza mineral das palavras em que se transformaram os seres vivos é positiva.

> São minerais
> as flores e as plantas,
> as frutas, os bichos
> quando em estado de palavra.
>
> É mineral
> a linha do horizonte,
> nossos nomes, essas coisas
> feitas de palavras.
>
> É mineral, por fim,
> qualquer livro:
> que é mineral a palavra
> escrita, a fria natureza
>
> da palavra escrita. (331)

A palavra identificada a "conchas", no poema I — "Algumas conchas tornaram-se, / que o sol da atenção / cristalizou" — também indicam uma mudança positiva para o estado mineralizado. Mas nos versos seguintes do poema I, as palavras se relacionam metaforicamente a flores e pássaros: "alguma palavra / que desabrochei, como a um pássaro". A atenção do escritor, após a mineralização inicial necessária para exercer seu controle sobre a palavra escrita, dá nova vida ao inanimado. Este motivo da palavra animada, viva, reaparece no poema V:

> Vivo com certas palavras,
> abelhas domésticas. (330)

As palavras ativas como as abelhas, exercem um trabalho produtivo, de resultado previsível e seguro: "o fio de mel"... "persistirá: louro / sabor, e ácido / contra o açúcar do podre". Depois de examinadas rigorosamente, as palavras se tornam vivas dentro do poema, vitalidade que se registra em metáforas orgânicas: "... na ordem / de outro pomar / a atenção destila / palavras maduras" (332). No entanto, o poder desagregador das palavras que escapam à atenção mais concentrada do poeta também é transmitido por coisas vivas: no poema VIII, as palavras, "potros ou toros contidos", encerram uma perigosa energia vital, que ameaça soltar-se no poema IV: "O poema, com seus cavalos, / quer explodir..."

O principal efeito da imagística em cada poema é a confrontação deliberada. A organização das imagens em grupos que se opõem reflete, como foi sugerido acima, a visão cabralina da composição como luta contra forças que ameaçam a construção consciente do poema. Na disposição sintática e imagística de vários poemas, pode-se apreender exemplos da forma que imita o modo de composição que o próprio texto examina — técnica característica da poesia metalingüística. No poema IV, aponta-se para a força negativa, de violência e desordem, que o poema dirige contra o autor e contra a sua própria forma construída:

> O poema com seus cavalos,
> quer explodir
> teu tempo claro; romper
> seu branco fio, seu cimento
> mudo e fresco.
>
> (O descuido ficara aberto
> de par em par;
> um sonho passou, deixando
> fiapos, logo árvores instantâneas
> coagulando a preguiça. (329-30)

O acúmulo de metáforas, criando uma cena incongruente e grotesca na última estrofe — o descuido como janela pela qual passa um sonho, deixando atrás de si fiapos que se tornam árvores coagulando preguiça — talvez exemplifique o tipo de organização incoerente que deve ser evitada. Aqui, a técnica de metamorfoses surpreendentes, realizadas pelo contato de objetos e conceitos entre si, lembra *Pedra do Sono*. A violência do "poema com seus cavalos" se exemplifica nos termos que rompem a superfície mineral do poema, onde surge uma série de metáforas incongruentes.

Por outro lado, o poema IV, apresentando a elaboração consciente da poesia, demonstra a forma diferente proposta pelo próprio poema. As duas primeiras estrofes preparam o terreno para o poema construído, rejeitando dois processos insatisfatórios: "Não a forma encontrada / como uma concha", a solução dada pelo acaso sem que haja necessidade de busca; "não a forma obtida / em lance santo ou raro", a solução fortuita mas procurada com empenho. Esta rejeição gradual imita o abandono do banal e do falso, um processo que faz parte da realização final, como a estrutura de uma só frase do poema talvez indique. A forma conscientemente realizada se transmite por meio de uma sintaxe que reflete o método que a produz. Após as duas rejeições, o contraste se inicia com o *mas* de oposição e discriminação:

> mas a forma *atin*gida
> como a *pon*ta do novelo
> que a *aten*ção, lenta,
> des*en*rola,
> ar*an*ha; como o mais extremo
> desse fio frágil, que se *rom*pe
> ao peso, s*em*pre, das m*ão*s
> enormes. (330-1, grifo nosso)

O poema, evitando verbos a não ser nas orações adjetivas, adquire a economia do epigrama, forma à qual se assemelha também por querer convencer o leitor de sua verdade. As metáforas, embora formando séries heterogêneas, são claramente articuladas; a repetição de sons reforça sua coesão. A série de palavras seguidas de vírgulas nos versos 3 a 5, e os versos de uma só palavra enfatizando "desenrola" e "enormes" produzem uma mimese eficaz. Talvez seja menos óbvio o modo pelo qual as duas orações que modificam "a forma atingida", ambas iniciadas por "como", imitam as múltiplas conexões e interdependências de uma teia. A segunda dessas orações, "como o mais extremo desse fio frágil", refere-se à "forma atingida", e retoma também os motivos *meada, desenrolar* e *aranha* da oração anterior. A impossibilidade de alcançar a etapa final da forma é causada, uma vez mais, pelo incontrolável, aqui a inépcia do poeta, que interfere no final do longo processo que tem início com a rejeição das descobertas do acaso. "O fio frágil" é, portanto, a delicada tarefa de construção pressionada por todos os lados pelo incontrolável.

O último poema da seqüência, o VIII, propõe as duas interpretações do deserto presentes desde "Anfion": o deserto como uma ascese produtiva, e como uma aridez atraente que pode convidar ou não a atividade poética. A símile paradoxal — "Cultivar o deserto / como um pomar às avessas" — está no infinitivo, como um aforismo. As duas interpretações que se seguem dependem explicitamente dos dois sentidos de "deserto". Primeiro, seu cultivo é análogo ao de um pomar, na medida em que ambos são férteis; "às avessas" indica que os frutos têm naturezas distintas:

> Cultivar o deserto
> como um pomar às avessas.
>
> (A árvore destila
> a terra, gota a gota;
> a terra completa
> cai, fruto!
>
> Enquanto na ordem
> de outro pomar
> a atenção destila
> palavras maduras). (331-332)

No deserto, a atenção produz palavras elaboradas até atingirem o ponto de máxima eficácia dentro do poema. Mas na descrição do pomar, o processo de amadurecimento prenuncia a decomposição: "cai, fruto". Isto talvez explique a segunda glosa à proposição inicial:

> Cultivar o deserto
> como um pomar às avessas:
>
> então, nada mais
> destila; evapora;
> onde foi maçã
> resta uma fome;

> onde foi palavra
> (potros ou touros
> contidos) resta a severa
> forma do vazio.

A segunda interpretação coloca o deserto árido cronologicamente depois ("então") do deserto produtivo. As duas últimas estrofes justificam um modo particular de cultivo, não em termos de fertilidade, mas de vazio. O deserto, estado desejado de esterilidade, necessita, por sua fome, consumir o que está fora de si, anulando assim sua auto-suficiência e sugerindo a possibilidade de um retorno à criação. O deserto como vazio — ou a "disponibilidade e vazio inicial"[13] ou um vácuo silencioso — é o estado primordial, enquanto o interlúdio parentético da criação (as estrofes 2 e 3 estão entre parênteses) é temporário. Uma vantagem da esterilidade é que impossibilita a decadência, o destino do fruto no pomar, e o fim para o qual até as "palavras maduras" parecem se dirigir. Voltamos ao orgânico como domínio negativo expressando um movimento inexorável rumo à destruição: "fruta madura / na beira da morte" (348) de *O Engenheiro*. No deserto árido, "nada mais / destila: evapora"; todo processo pára. Contra a destruição da natureza, contra a possível violência ameaçadora das palavras — forças que escapam ao controle consciente da "atenção" — "a severa forma do vazio" evoca uma tranqüilidade que satisfaz.

O deserto, "imagem de / duas pontas, como / uma corda", como Cabral dirá a respeito de outra imagem em "Antiode", indica, por sua própria polivalência e compressão, a íntima conexão, a interdependência mesmo, do cultivo do deserto como esterilidade, como fome, e como disciplina produtiva. O vazio como ausência de "substância cristalizada anteriormente"[14] (quer seja um "tema" insistente que o poeta precisa acomodar, descuidando as exigências da construção, quer seja vestígios de estilos poéticos gastos, assume para João Cabral a influência libertadora de uma *tabula rasa*. O vazio torna possível uma acurada atenção a problemas formais e, mantendo a composição à beira do silêncio, cria um clima de perigo que Cabral de agora em diante sempre associará à produtividade: "fazer no extremo, onde o risco começa" (18).

13. **Joan Miró**, p. 34.
14. **Joan Miró**, p. 34.

Antiode

> ...flor, flor
> não de todo flor,
> mas flor... (333)

"Antiode (contra a poesia dita profunda)", o poema mais agressivo e difícil dos três, ataca um certo tipo de poesia, como informa o subtítulo. Dos componentes tradicionais da ode, Cabral retém o rigor formal, um interlúdio cerimonioso, mas aqui carregado de sarcasmo, e a apóstrofe à poesia, cujo teor também se desloca do elogio à crítica. Neste poema, Cabral abandona as dicotomias mineral / orgânico, aridez / fertilidade para trabalhar com as polaridades vivo / morto, ativo / passivo, vigor / decadência, de novo como símbolos para a poesia. Ao contrário de "Anfion" e de "Psicologia da Composição", as oposições são, na maioria das vezes, implícitas. A poesia é apresentada como ineficiente, decadente, morta, com apenas uma possível alternativa. Como nos dois poemas anteriores, a interpretação depende de como avaliamos a imagística, e a dificuldade é maior aqui porque as mudanças no valor de uma imagem ou conceito são agora manipuladas num jogo complexo de permutação que às vezes beira o obscuro. "Poesia" e "flor", componentes da metáfora central, passam de positivas a negativas e de novo a positivas, tornando-se, no decorrer do poema, mortas e vivas, decadentes e vigorosas, passivas e ativas. Aparece aqui pela primeira vez uma técnica que Luis Costa Lima denomina "a retificação interna da imagem"[15]: Cabral analisa uma imagem à medida que a propõe, modificando-a ou abandonando-a, enquanto explica seu procedimento numa busca manifesta de precisão.

O poema divide-se em cinco seções, classificadas de A a E, com 4 a 9 quadras cada uma, unidas pelo desenvolvimento da imagística e por uma voz retrospectiva analisando sua atitude em relação à poesia: "Poesia, te escrevia: / flor" (A) "Depois eu descobriria..." (B); "poesia, não será esse / o sentido em que ainda te escrevo..." (D); "Poesia, te escrevo / agora..." (E).

Em todo o poema, Cabral propõe semelhanças entre a poesia e a flor, examinando repetidamente o termo comparado através do comparante "flor". A flor, metáfora tradicional para a palavra poética, remonta,

---
15. **Lira e Antilira**, p. 283.

segundo Hugo Friedrich, a "uma expressão usada na retórica antiga para se referir a linguagem figurada (*flos orationis*)"[16]. Esta metáfora empregada na poesia moderna por Baudelaire, Mallarmé e outros, adquire várias conotações adicionais, e na poesia de Cabral, está implícita nos "jardins enfurecidos" de *Pedra do Sono* e presente nos primeiros livros, tanto com valor positivo quanto negativo. Como vimos num dos poemas de *O Engenheiro*, "flor" apresenta o poema criando sua forma a partir da matéria amorfa: "subindo de regiões onde tudo é surpresa / como uma flor mesmo num canteiro" (355). Parece ser esta atividade de transformação e transcendência ("subindo") que Cabral nega em "Antiode", tomando uma atitude já implícita em "Psicologia da Composição", III, onde "as flores da véspera" caminham para a decomposição. *Flor* em "Antiode", em seu sentido negativo, simboliza a "poesia profunda", que revela uma visão introspectiva, por meio de um vocabulário que exclui o prosaico. Cabral, em seu ensaio "A Geração de 45" (1952), critica a tendência predominante dos poetas daquela geração:

> É fácil de compreender-se que a presença da palavra ou do recurso prosaico, numa poesia dessa espécie, só pode ser perturbadora... Só poderia quebrar, romper a trama de sutilezas do poema. Trata-se de uma poesia feita de sobrerrealidades, feita com zonas exclusivas do homem, e o fim dela é comunicar dados sutilíssimos, a que só pode servir de instrumento a parte mais leve e abstrata dos dicionários [17].

Um vocabulário restrito, "(o) vocábulo já reconhecidamente poético, já poético com anterioridade ao poema"[18] transmite temas também restritos, íntimos — "dados sutilíssimos", "zonas exclusivas do homem" uma combinação que em "Antiode" exaspera João Cabral ao ponto da sátira e da denúncia.

A Seção A começa com o que Benedito Nunes denominou "dessublimação de choque"[19]:

> Poesia, te escrevia
> flor! conhecendo
> que és fezes. Fezes
> como qualquer. (332)

---

16. **The Structure of Modern Poetry** (Evanston: Northwestern University Press, 1974), p. 79.
17. "A Geração de 45", **op. cit.**
18. **Ibid.**
19. **João Cabral de Melo Neto**, p. 61.

A *poesia-fezes* — matéria não transformada, rejeitada, como os "germes mortos" ou talvez "carvão da emoção extinta" (352-354) de *O Engenheiro* — fracassa em seu movimento em direção à transcendência, que, de qualquer modo, se apresenta como uma mentira conscientemente perpetrada pelo poeta ("escrevia / flor! conhecendo / que és fezes"). No entanto, depois de *fezes* se estabelecer como metáfora, *flor* reaparece sob a forma de "cogumelos", crescendo num solo pútrido:

> ...(cogumelos
> serão flor? Espécie
> estranha, espécie
>
> extinta de flor, flor
> não de todo flor
> mas flor, bolha
> aberta no maduro). (333)

Na proposição sinuosa da última estrofe, a *flor*, rejeitada como metáfora falsa porque, em sua tendência idealizante, não leva em conta que a poesia é feita de resíduos e dejetos, aproxima-se agora de um cogumelo e adquire uma conotação pejorativa. O poeta se prende à falsa equação poema-flor para evitar os mecanismos pouco atraentes por meio dos quais um poema pode estruturar-se ("o estrume do poema, / seu caule, seu ovário, / suas intestinações") e fica passivamente à espera de uma transformação já pronta:

> Esperava as puras,
> transparentes florações,
> nascidas do ar, no ar,
> como as brisas. (333)

Portanto, a metáfora *flor* é duplamente falsa: implica uma transcendência que foge à verdadeira natureza da poesia, e apresenta a composição como ato passivo.

Na Seção B, *flor* recebe um valor negativo, e pode ser utilizada como uma metáfora precisa para uma poesia igualmente negativa:

> Depois, eu descobriria
> que era lícito
> te chamar: flor! (333)

A apóstrofe debochadamente cerimoniosa à poesia ("vós") lembra, em seus tons satíricos e rebuscados, uma tradição gasta da poesia como arte decorativa e exemplo moral, propondo diversos níveis para a metáfora *poema-flor:* "Pelas vossas iguais / circunstâncias? Vossas / doces carnações? Pelos virtuosos vergéis / de vossas evocações?" Esta poesia fácil e imitativa, se produz sem o esforço do jardineiro: "pudor de flor / que só se abre / quando a esquece o / sono do jardineiro?". O poema continua a buscar o sentido da flor, num desdobramento que, apesar do tom analítico, quase escapa à inteligência lógica:

> (flor, imagem de
>
> duas pontas, como
> uma corda). Depois
> eu descobriria
> as duas pontas
>
> da flor; as duas
> bocas da imagem
> da flor: a boca
> que come o defunto
>
> e a boca que orna
> o defunto com outro
> defunto, com flores
> — cristais de vômito. (334)

A flor, antes só implicitamente examinada como imagem, agora se discute abertamente como tal. Estas estrofes põem a nu a técnica de construção, utilizando um procedimento típico da obra mais recente de Cabral. Igualmente típico é o modo pelo qual o poema escapa da área imagística a que parece se restringir: "duas pontas, como uma corda" se torna "duas bocas". E, como vimos, a metáfora *flor* já demonstrou mais de "duas pontas" e terá várias outras no decorrer do poema. Se interpretarmos "ponta" ou "boca" como a analogia que fundamenta a relação entre o termo comparante (flor) ao comparado (poema)[20], "defunto" como o poema feito de temas e palavras sem vida, e *flor* como a imagem morta de uma poesia anacrônica de "gentis substâncias", as duas "pontas" que se seguem são afirmações

---

20. Assim é que Cabral usa a palavra "ponta" num contexto semelhante e mais explícito, em "O hospital da Caatinga", **A Educação pela Pedra** (29):

> O poema trata a Caatinga de hospital
> não porque esterilizada, sendo deserto;
> mas pela ponta do símile que liga
> deserto e hospital: seu nu asséptico.

da mesma proposição. Numa progressão que aumenta sua carga negativa, "a boca / que come o defunto" é a mesma "boca que orna / o defunto com outro / defunto": a imagem morta, em si mesma meramente ornamental ajuda a destruir o poema, servindo como decoração, um morto enfeitando outro "com flores-cristais de vômito"[21].

A Seção C deixa de lado a apóstrofe à poesia contida nas outras seções e, em vez disso, invoca o "vício da poesia": é como se tanto a poesia quanto a flor aqui fossem precedidas de um sinal de menos. A poesia tem uma influência maléfica e mórbida sobre o poeta e sobre o leitor. As imagens do poema se extraem dos campos semânticos de torpor, morte, infecção e noite. O desejo de ler ou compor poesia é um anseio escapista:

> Fome de vida? Fome
> de morte, freqüentação
> de morte, como de
> algum cinema.
>
> O dia? Árido.
> Venha então, a noite,
> o sono. Venha
> por isso, a flor. (335)

Flor, o poema negativo, ao mesmo tempo recolhe e enfeita o passado:

> Venha, mais fácil e
> portátil na memória,
> o poema, flor no
> colete da lembrança. (335)

"O exercício do poema" torna-se apenas uma "lânguida horticultura", uma espera passiva. Carregado de emoção mórbida, a composição poética carece de invenção — "mil mornos / enxertos, mil maneiras / de excitar negros / êxtases". O poema resulta de um processo não de amadurecimento, mas de apodrecimento. Tendo-se originado no podre, é um objeto em decomposição:

> ...e a morna
> espera de que se
> apodreça em poema,
> prévia exalação da
> alma defunta. (335)

---

21. João Alexandre Barbosa, **A Imitação da Forma**, p. 84. Estou seguindo aqui a interpretação de Barbosa: "... o poema-defunto é aquele que admite o ornamento da imagem que, por si, não é mais do que a aglutinação de um defunto por outro".

Depois da enumeração das várias ramificações negativas de *flor*, a Seção D registra uma súbita mudança e salva um possível sentido positivo para a imagem, através da rejeição dos usos anteriores: "Poesia, não será esse / o sentido em que / ainda te escrevo: / flor!" João Alexandre Barbosa viu nas estrofes abaixo "a crítica da utilização da palavra poética já oca de uma designação 'fundadora' "[22].

> Flor é a palavra
> flor, verso inscrito
> no verso, como as
> manhãs no tempo.
>
> Flor é o salto
> da ave para o vôo;
> o salto fora do sono
> quando seu tecido
>
> se rompe; é uma explosão
> posta a funcionar,
> como uma máquina,
> uma jarra de flores. (336)

A *flor* aceitável se for reinventada como palavra dentro do contexto do poema, mantém a mesma relação de renovação com a tradição poética que a manhã tem como o tempo. Augusto de Campos observa a respeito da primeira estrofe acima citada que João Cabral "nada mais faz do que teoria da poesia concreta"[23]. A ênfase no significante e a visão do poema como invenção, ao invés de imitação, de fato se coadunam com a teoria dos concretistas; como Cabral, eles encaram a palavra como uma entidade ativa:

> O poeta concreto vê a palavra em si mesma — campo magnético de possibilidades — como um objeto dinâmico, uma célula viva, um organismo completo, com propriedades psico-físico-químicas tacto antenas circulação coração: viva [24].

Nesta seção de "Antiode", a vindicação do comparante *flor* também estabelece um aspecto positivo do termo comparado *poesia*. A atividade e vivacidade da *flor* (e portanto da poesia) é transmitida por substantivos e verbos de movimento violento ou intencional ("o

---

22. **Ibid.**, p. 87.
23. "Poesia Concreta", in **Teoria da Poesia Concreta: Textos Críticos e Manifestos, 1950-60,** Augusto de Campos, Décio Pignatari, Haroldo de Campos (São Paulo: Invenção, 1965), p. 33.
24. **Ibid.**, p. 42.

salto", "o vôo", "o salto fora do sono", "a explosão", "a máquina", "romper", "funcionar"). O poema bem realizado exibe forças poderosas de maneira cuidadosamente controlada, controle que se faz possível através da ênfase no significante, nos mecanismos de articulação.

Depois de examinar os deslocamentos da relação *poesia-flor* em todas as seções anteriores, nas quais o termo comparado e o comparante se separam e se reúnem segundo critérios diversos, a Seção E, numa inversão surpreendente, abandona esta metáfora. Seguindo a Seção D, que reabilita a *flor* como metáfora para uma poesia viável, reação positiva contra a "poesia profunda", a Seção E retorna à *poesia-fezes*, intimando que a poesia precisa sempre lutar contra as impurezas, os resíduos, o disforme. Com ironia, Cabral retoma seu ataque à poesia que usa "a parte mais leve e abstrata dos dicionários":

> Poesia, te escrevo
> agora: fezes, as
> fezes vivas que és.
> Sei que outras
>
> palavras és, palavras
> impossíveis de poema.
> Te escrevo por isso,
> fezes, palavra leve,
>
> contando com sua
> breve...

Para Cabral, as palavras "impossíveis de poema" não são aquelas proibidas pelo decoro, as quais ele usa abertamente, mas as que chegam ao poeta já possuindo um verniz poético. Estas, ao que parece, só podem ser usadas depois de passarem pelo processo analítico e depurador como aquele sofrido por *flor*. Esta última seção, ao empregar fezes e cuspe como metáforas, escolhe palavras que dificilmente poderiam ser despojadas de sua conotação pejorativa, mesmo quando encaradas sob o aspecto do significante como "palavras leves". Lauro Escorel observa que "cuspir é ato de desprezo ou repugnância, gesto de repulsa ao que recusamos provar ou engolir"[25]. A última metáfora, complexa e obs-

---

25. **A Pedra e o Rio**, pp. 43-44.

cura, combinando "poesia", "cuspe", e "a terceira das virtudes teologais", talvez sugira que a poesia se origine em uma necessidade do poeta ("uma deficiência, uma inferioridade, uma compensação de uma neurose qualquer", como Cabral afirma a respeito de *Psicologia da Composição)*, transformando assim o fazer poético de um ato nobre em uma humilde necessidade. Esta última seção dá a entender que a poesia válida delineada na Seção E é limitada pelas mesmas forças que causam a degeneração da "poesia profunda": o peso debilitante da tradição que diminui a eficácia das palavras e a impureza gerada pela relação da poesia com as necessidades particulares do poeta. A poesia positiva prefigurada na Seção D parece ser abandonada por ser muito difícil ou talvez impossível, num gesto de recusa, misturado com repugnância e desprezo, — "Te escrevo / cuspe, não / mais..." — semelhante à eliminação da flauta em "Anfion".

Depois de "Antiode", Cabral só retomará este estilo obscuro que depende de repetições e variações complexas nos mais difíceis dos poemas de *A Educação pela Pedra*. Com os três poemas seguintes — *O Cão sem Plumas, O Rio, Morte e Vida Severina* — Cabral se despede na prática, como o fizera em seu poema teórico, de uma poesia de "sobrerrealidades, feita com zonas exclusivas do homem, ...a que só pode servir de instrumento a parte mais leve e abstrata dos dicionários" para desenvolver as possibilidades poéticas daquilo que propõe, no mesmo ensaio, como uma alternativa: "(o) recurso prosaico", "o vocábulo prosaico... pesado de realidade, sujo de realidades inferiores, as do mundo exterior"[26]

---

26. "A Geração de 45", **op. cit.**

4. "FAZER COM QUE A PALAVRA LEVE PESE COMO A COISA QUE DIGA":

O CÃO SEM PLUMAS, O RIO, MORTE E VIDA SEVERINA.

Na vigésima quinta seção de *O Rio,* o próprio rio explica por que é lento seu curso:

> Rio lento de várzeas,
> vou agora ainda mais lento,
> que agora minhas águas
> de tanta lama me pesam.
> Vou agora tão lento,
> porque é pesado o que carrego:
> vou carregado de ilhas
> recolhidas enquanto desço;
> de ilhas de terra preta,
> imagem do homem aqui de perto
> e do homem que encontrei
> no meu comprido trajeto
> (também a dor desse homem
> me impõe essa passada de doença,
> arrastada de lama,
> e assim cuidadosa e atenta). (298)

Esta passagem exemplifica um pressuposto básico da nova poética de João Cabral nos três longos poemas escritos entre 1949 e 1955: *O Cão sem Plumas, O Rio,* e *Morte e Vida Severina.* São obras que empregam com freqüência o "recurso prosaico", o "vocabulário prosaico", demonstrando ser sua linguagem motivada por um desejo de representação precisa. Esta linguagem que se mostra dependente do objeto a ser descrito e nele moldada, ao mesmo tempo transmite uma crítica aguda de certas condições sociais. As palavras de referência concreta têm aqui uma dupla função. Agem como referentes de uma paisagem física que os poemas valorizam, técnica semelhante ao apreço às "coisas claras" em *O Engenheiro,* só que aqui o sol preside a uma geral assolação. As palavras de referência concreta funcionam também prolongando a linguagem poética de *Psicologia da Composição,* numa retórica persuasiva, formando tropos que são agentes importantes da perspectiva crítica dos poemas.

Na passagem citada acima, o "curso" do rio torna-se o equivalente de seu "discurso" (jogo de palavras que se encontra na última parte de *O Cão sem Plumas*), pois os dois desenvolvem-se simultaneamente, e a fala do rio parece imitar a maneira como ele flui[1]. O andamento do rio simboliza uma linguagem poética que se harmoniza com a forma e o significado dos objetos dos quais ela fala. Tal qual o rio, pesado de lama, a linguagem poética parece ser contagiada e moldada por aquilo que ela descreve. A forma aparentemente descuidada do discurso, seu movimento lento, suas redundâncias e repetições, indicam que o discurso do rio é guiado não pela arte mas pela realidade, pela atenção ao que se passa em suas margens. Benedito Nunes escreve que o rio, na condição de protagonista, narra "as etapas de seu percurso geográfico, monotonamente percorridas, com a finalidade literal de quem fosse desenhando o mapa minucioso da região, de lugar a lugar, de povoado a povoado, de vila em vila, de cidade a cidade, até chegar ao Recife"[2]. Esta fidelidade literal é a impressão que o poema deixa no leitor, apesar de podermos imaginar com facilidade outras formas de se alcançar uma representação "fiel", levando-se em conta aspectos não

---

1. João Alexandre Barbosa, **A Imitação da Forma**, p. 93. Barbosa faz um comentário sobre este trocadilho e intitula seu capítulo sobre os três poemas de "O curso do discurso".
2. **João Cabral de Melo Neto**, p. 75.

abordados no texto. O "curso" e "discurso" do rio não só exprimem a paisagem ("Minhas águas / de tanta lama me pesam"), mas também as condições sociais ("a dor desse homem / me impõe essa passada de doença").

Assim como em *O Rio,* a linguagem poética de *O Cão sem Plumas* e *Morte e Vida Severina* apresenta-se como transmissora fiel de uma certa realidade ao mesmo tempo em que assume uma perspectiva crítica. Nestes poemas, João Cabral descreve o ambiente e o homem do Estado de Pernambuco, detendo-se na realidade física — lugares verdadeiros, nomes exatos — e deixando de lado os aspectos pitorescos. Pela primeira vez a poesia de Cabral focaliza demoradamente uma região específica, a área banhada pelo Capibaribe.

Ao apresentarem a realidade formada pela paisagem natural, as condições sociais e a vida dos habitantes, os poemas examinam a influência que cada um destes elementos exerce sobre os outros. Numa descrição "objetiva" das terríveis condições de vida nessa região, até mesmo as distorções e os elementos grotescos se justificam pela violência dos dados que o poema tenta transmitir. A linguagem poética de Cabral, aparentemente determinada pelos objetos que ele descreve, segue uma estratégia parecida com aquela que os versos iniciais de "Catecismo de Berceo" (*Museu de Tudo,* 1975) definem: "Fazer com que a palavra leve / pese como a coisa que diga..."[3] Alexandre Pinheiro Torres comenta sobre o efeito deste estilo: "É que o Nordeste condiciona um *estilo.* 'Condicionou' a obra e o estilo de João Cabral de Melo Neto"[4]. Este "condicionamento", que equivale à linguagem que parece moldada pela observação apurada e pela fidelidade aos fatos, se produz por meio de técnicas artísticas cuidadosamente articuladas.

Encontramos, pois, nesta fase da poesia de Cabral, o esforço de fazer com que as palavras pareçam ser motivadas por aquilo que dizem, de modo que a natureza arbitrária e convencional do significante na linguagem cotidiana dê lugar à relação necessária entre significante, significado e referente. Cabral vem desenvolvendo esta técnica desde *O Engenheiro,* onde uma

---

3. João Cabral de Melo Neto, **Museu de Tudo** (Rio de Janeiro: José Olympio, 1975), p. 33.

4. Alexandre Pinheiro Torres, "João Cabral de Melo Neto ou a reinvenção do Concreto", in **Programa para o Concreto** (Lisboa: Editora Ulisseia, 1966), p. 53.

linguagem despojada e precisa, na qual os substantivos ocupam uma posição privilegiada, mostra as "coisas claras" do mundo natural. Segundo Yuri Lotman, a semelhança entre o significante e o significado é de fato uma das condições de todo texto artístico:

> Se há alguma semelhança entre o conteúdo e a expressão, como por exemplo na relação entre uma localidade e um mapa geográfico, uma pessoa e um retrato, uma pessoa e uma fotografia, o signo é chamado de representação ou ícone...[5] Textos artísticos (literários, pictóricos e até mesmo musicais) são construídos segundo o princípio icônico. A tensão existente entre a natureza convencional do signo na linguagem usual e a natureza icônica do signo na linguagem poética é uma das condições estruturais básicas do texto poético[6].

Gérard Genette, em seu ensaio "Langage poétique, poétique du langage" desenvolve uma proposição semelhante. Afirma, seguindo esquemas já propostos por Mallarmé e Valéry, que a linguagem poética luta para eliminar a arbitrariedade do signo, atribuindo ao signo uma motivação ilusória. Mallarmé discute a evidente inadequação da cadeia sonora em relação ao sentido em palavras tais como "ombre", "ténèbres", "jour", "nuit": "A côté d'*ombre*, opaque, *ténèbres* se fonce peu; quelle déception, devant la perversité conférant à *jour* comme à *nuit*, contradictoirement, des timbres obscur ici, là clair"[7]. Para Mallarmé, é função da poesia trabalhar com a linguagem, com combinações de palavras, a fim de contrabalançar tais correspondências inadequadas: "...*le vers:* lui, philosophiquement rémunère le défaut des langues, complément supérieur"[8]. Genette, em seu comentário sobre este texto de Mallarmé, observa:

> Car la fonciton poétique est précisément dans cet effort pour "rémunérer", fut-ce illusoirement, l'arbitraire du signe, c'est-à-dire pour *motiver le langage*. Valéry, qui avait longuement médité l'example at l'enseignement de Mallarmé, est revenu très souvent sur cette idée... La spéculation sur les *propriétés* sensibles de la parole, l'indissolubilité de la forme et du sens, l'illusion d'une ressemblance entre le "mot" et la "chose" étaient pour lui, comme pour Mallarmé, l'essence même du langage poétique: "La puissance des vers tient à une harmonie indéfinissable entre ce qu'ils *disent* et ce qu'ils *sont*"[9].

---

5. Yuri Lotman, **Analysis of the Poetic Text**, org. e trad. de D. Barton Johnson (Ann Arbor: Ardis, 1976), p. 18.

6. **Ibid.**, p. 114.

7. **Oeuvres Complètes**, Pléiade, p. 364, transcrito por Gérard Genette, **Figures II** (Paris: Editions du Seuil, 1969), p. 144.

8. **Ibid.**, p. 144.

9. **Ibid.**, p. 145.

A poesia descritiva, além de manifestar a semelhança existente entre o significante e o significado, o que é comum a toda poesia, busca uma representação verossímil de um referente concreto, de um objeto do mundo físico. Michael Riffaterre comenta que a poesia descritiva, como todas as formas da mimese, cria uma ilusão de realidade[10]. Uma das maneiras de se conseguir esta ilusão é fazer com que a linguagem poética pareça incontestavelmente adequada ao objeto que ela representa. Isto ocorre de diferentes formas nos três poemas de Cabral. Diz João Alexandre Barbosa a respeito da quarta parte de *O Cão sem Plumas*: "O poeta fala *pelo* Capibaribe, de quem se diz ser o 'Discurso'... porque de tal modo linguagem (do poeta) e objeto (o Capibaribe) tornam-se dependentes que o 'discurso' deste é necessariamente o curso daquela"[11]. Nomear os objetos evidentemente não basta; é antes uma questão de artifício, de estabelecer uma dependência aparente entre o objeto e a linguagem poética através da textura das palavras. Em seu artigo "Interpretation and Descriptive Poetry: A Reading of Wordsworth's 'Yew Trees' ", Riffaterre comenta que "a representação da realidade é uma construção verbal na qual o significado é obtido pela referência de palavras a palavras, e não a objetos"[12]. Em "Le poéme comme représentation", ele indica o caminho que deve seguir a interpretação:

> ...l'analyse doit se fonder sur le fait que le texte est un point de départ. Inversant la démarche traditionelle, qui va de la chose représentée à la représentation, elle montrera comment la représentation crée la chose représentée, comment elle la rende vraisemblable, c'est-à-dire reconnaissable et satisfaisante à la lecture[13].

O sistema de relações entre palavras estabelecido no poema descritivo tem, portanto, o efeito paradoxal de minimizar a distância existente entre a "palavra" e o "objeto", de criar um signo que parece assemelhar-se à coisa que ele representa: "tout se passe comme si l'arbitraire du signe était annulé"[14]

---

10. Michael Riffaterre, "Système d'un genre descriptif", **Poétique**, 9 (1972), p. 30.
11. **A Imitação da Forma**, p. 107.
12. "Interpretation and Descriptive Poetry: A Reading of Wordsworth's 'Yew Trees' ", **New Literary History**, Vol. VII, n.º 1 (1975), p. 230.
13. Michael Riffaterre, "Le poème représentation". **Poétique**, 4 (1970), p. 404.
14. **Ibid.**, p. 404.

O Cão sem Plumas, O Rio e *Morte e Vida Severina*
estabelecem, de diferentes maneiras, uma linguagem que
parece condicionada pela realidade física e social dos
objetos que ela descreve. Estas obras, no entanto, utilizam alguns recursos semelhantes. Como todo escrito que
descreve ou retrata um conjunto de circunstâncias, os
poemas são guiados pelas simpatias de seu autor, e uma
importante dimensão de cada um é a sua função de
crítica social. A aparente "objetividade" da linguagem
na realidade comunica um *parti pris* ideológico. Nos
três poemas, menciona-se e exemplifica-se uma falsa
retórica que esconde ou evita a verdade e legitima,
através do contraste, a perspectiva crítica de Cabral.
O Cão sem Plumas refere-se à opulência decadente do
Recife: "[a] estagnação dos palácios cariados" (307).
Cabral condena a indiferença que há em relação à
pobreza existente à margem do rio, manifestada por
uma retórica que protege e perpetua os interesses de
uma classe dominante, dentro das "salas de jantar
pernambucanas":

> (É nelas,
> mas de costas para o rio,
> que "as grandes famílias espirituais" da cidade
> chocam os ovos gordos
> de sua prosa. (307)

O Rio refere-se de forma irônica a uma visão compla-
cente da paisagem, bem como dos fenômenos sociais
e históricos:

> Agora vou entrando
> no Recife pitoresco,
> sentimental, histórico,
> de Apipucos e do Monteiro:
> do Poço da Panela,
> da Casa Forte e do Caldeireiro,
> onde há poças de tempo
> estagnadas sob as mangueiras. (295)

Mais adiante, aparece "o outro Recife", que os guias
da cidade omitem e que o próprio poema se encarrega
de mostrar:

> casas da lama negra
> daquela cidade anfíbia
> que existe por debaixo
> do Recife contado em Guias. (297)

Como em "Antiode", Cabral faz referências satíricas a um tipo de escritura que ele rejeita. *Morte e Vida Severina* alude à retórica dos sociólogos que escamoteiam problemas ainda por resolver:

> Cada casebre se torna
> no mucambo modelar
> que tanto celebram os
> sociólogos do lugar. (234)

Inserindo-se num contexto de crítica social já estabelecido por Euclides da Cunha, Raquel de Queiroz e Graciliano Ramos, entre outros, Cabral ressalta as "coisas de não" desta região nordestina: um panorama de "coisas poucas / e secas além de sua pedra" (275), ou encharcadas mas igualmente empobrecidas: "esta cidade / que vim encontrar sob o Recife: / sua metade podre / que com lama podre se edifica" (301).

Outro recurso repetido nos três poemas é o predomínio da referência, o engajamento com os dados verdadeiros. Não precisamos ir além do texto para sentir o efeito desta técnica, que funciona na medida em que cria verossimilhança e convence o leitor da exatidão dos fatos. Cidades, vilas, rios, cemitérios e plantações de cana-de-açúcar figuram com nomes próprios, criando um efeito de referência precisa. O interesse de Cabral pelos fatos manifesta-se como impulso motivador destes três poemas. A idéia de *O Cão sem Plumas,* segundo uma entrevista concedida a Fábio Freixieiro, surgiu a partir de algumas informações estatísticas com que Cabral se deparou: "Na cidade do Recife, a expectativa de vida era de 28 anos de idade; na Índia, 29 anos (...). O poeta considerou que todo mundo se comovia com a Índia e não com o Recife, apesar da inferioridade estatística"[15]. Acerca de *O Rio,* referindo-se ao depoimento de Cabral, Freixieiro comenta: "Trata-se de um poema geográfico: quis veracidade e até corrigiu uma fonte, que verificou errada. Até coisas que os proprietários dos lugares por onde passa o rio ignoravam, ele colocou"[16]. Em *Morte e Vida Severina,* a referência aos fatos é estilizada e simbólica. Por exemplo, o retirante Severino não foge de uma "seca" específica mas de uma seca permanente, imaginária. A persistência de um fenômeno temporário ao

---

15. "Depoimento de João Cabral de Melo Neto", **op. cit.,** p. 188.
16. **Ibid.,** p. 189.

longo do poema funciona como símbolo de uma região incapacitada, tanto pelo sistema sócio-econômico quanto pelo meio ambiente natural. Nessa mesma entrevista, Cabral informa que os cemitérios de Casa Amarela em *Morte e Vida Severina* foram antigos cemitérios públicos. Cabral também inclui no poema transposições de outro tipo: as cenas finais do nascimento são baseadas — quanto à estrutura, apesar de não o serem quanto ao conteúdo ou à linguagem — nos "autos pastoris" do folclore de Pernambuco, e as excelências de uma das cenas têm um caráter documentário[17]. Nos três poemas, o efeito de verossimilhança poderia ter sido criado sem a veracidade fatual que Cabral procura manter. Esta, porém corrobora a perspectiva de crítica social, transpondo dados reais para o universo ficcional que o poeta cria.

Nestes poemas sobre a zona do Capibaribe, o anonimato da figura humana se destaca ao contrastar-se com a abundância dos nomes próprios de aglomerações humanas e acidentes geográficos. Em *O Cão sem Plumas* apenas o Capibaribe possui nome; não há figuras individualizadas e "os homens sem plumas" mal se distinguem da lama em que vivem. O anonimato geral das pessoas aponta para uma vida na qual a tentativa de sobrevivência impossibilita a diferenciação individual. Esta condição não melhora quando os retirantes deixam o interior e migram para a costa, como se explica em *O Rio:*

> ...essa gente
> que pelos mangues habita:
> eles são gente apenas
> sem nenhum nome que os distinga;
> que os distinga na morte
> que aqui é anônima e seguida. (300)

Também os severinos são anônimos na morte e na vida. Como substantivo, "Severino" designa tanto um indivíduo quanto uma classe da qual cada membro pouco se distingue; como objetivo, quando associado a "vida" indica uma condição mínima de sobrevivência, sempre na iminência da "morte severina". Para todos os habitantes da região, a pobreza corrói o nome próprio assim como a subjetividade individual.

---

17. **Ibid.**, p. 191.

Nos três poemas, a voz narradora situa-se perto ou dentro da paisagem e do povo do Nordeste, e o eu-lírico cede lugar a uma retórica narrativa, descritiva e dramática. *O Cão sem Plumas* é narrado na terceira pessoa por uma voz toda voltada para o exterior, numa tentativa de apreender o significado do complexo rio/mar/habitantes. A primeira pessoa só aparece nos textos dramáticos: em *Morte e Vida Severina,* onde falam as vítimas da pobreza e da exploração, e no monólogo de *O Rio.* Neste último, o rio é um ente animado que recorda, pensa, sente, e até localiza elementos da paisagem com referência ao corpo humano. Este antropomorfismo meio cômico contribui para uma voz que demonstra intimidade com a paisagem sem comprometer uma diretriz importante da poética de Cabral nesta etapa de sua obra: a recusa de utilizar o seu *eu* empírico, ou qualquer de seus representantes retóricos ("eu", "o poeta") como ponto focalizador de sua poesia. Cabral parece aludir a este propósito de eliminar o eu-lírico ao inscrever-se no poema, visto pelo rio, como o "escrivão / que foi escrevendo o que eu dizia" (284).

Um comentário mais detalhado de *O Cão sem Pluma* e *O Rio* pretende revelar que os poemas empregam ainda outros recursos em comum, se bem que apareçam em cada poema com relevo diferente. Estes recursos funcionam também em *Morte e Vida Severina* mas de maneira menos claras; a discussão da verossimilhança num texto dramático levaria ainda a outros problemas que não vão ser abordados aqui. *O Cão sem Plumas* e *O Rio,* ambos textos com dimensão metalingüística, que não só demonstram uma certa poética mas também a comentam, vão servir de exemplo para a nova etapa do uso do objeto na poesia de Cabral; a palavra que parece calcar-se no mundo das coisas que descreve.

O Cão sem Plumas

Neste poema, a descrição da paisagem e os comentários sobre ela são realizados em uma linguagem rica em tropos. No entanto, o jogo da imagística, semelhante ao que existe em "Antiode", chama a atenção não para o narrador como criador de imagens e inventor de analogias mas sim para o processo de criação de imagens. A técnica de utilizar e descartar imagens com um certo distanciamento, ressaltando a utilidade de cada imagem e o fato de que o poeta as inventa com um propósito definido, é uma técnica já encontrada em livros anteriores. Aqui ela faz parte de um procedimento básico do poema, que consiste em pôr a nu o fato e a maneira de sua própria construção. O poema depende de uma imagística engenhosa, surpreendente — o título, metáfora para o rio Capibaribe, é um exemplo — que se justifica implicitamente por sua adequação a um panorama onde abundam distorções, violência, incongruências, na medida em que a pobreza rouba a seus habitantes as características humanas essenciais. O poema também utiliza a repetição e a variação de um conjunto de imagens. A primeira estrofe apresenta os termos que serão utilizados em permutações subseqüentes: [18]

> A cidade é passada pelo rio
> como uma rua
> é passada por um cachorro;
> uma fruta
> por uma espada. (305)

A interseção de objetos de diferentes tipos e tamanhos e de três modos de passar indica que a transformação da cidade causada pela presença do rio é semelhante tanto ao movimento inconseqüente de um cão como ao ato de cortar uma fruta. Os elementos deste símile complexo, após estabelecerem a equivalência das relações entre rio e cidade, rua e cão, fruta e espada, são retirados deste sistema para serem usados em outros contextos. Em novas combinações, reaparecem mais tarde as palavras "cidade", "rio", "cachorro" ("cão", "cadela"), "fruta", "espada" ("rua" não figura mais). Podemos indicar as relações na primeira estrofe como:

> A (*cidade*) : B (*rio*)
> A^1 (*rua*) : B^1 (*cachorro*)
> A^2 (*fruta*) : B^2 (*espada*)

Os tropos desenvolvidos a partir deste esquema inicial reorganizam os termos acima, principalmente através da descoberta de vários semas em comum para relacio-

---

18. Benedito Nunes ressalta este fato em sua análise do poema. **João Cabral de Melo Neto**, p. 66.

nar uns com os outros os objetos da coluna B. A relação
que se desenvolve com mais detalhe ao longo de todo
poema é *rio-cão*. A segunda estrofe começa a desdobrar
esta relação:

> O rio ora lembrava
> a língua mansa de um cão,
> ora o ventre triste de um cão,
> ora o outro rio
> de aquoso pano sujo
> dos olhos de um cão. (305)

Os conceitos de humildade, fertilidade, privação, estagnação e densidade que reaparecem em várias combinações, formam as áreas semânticas básicas a que
recorrem as comparações *rio-cão* nas partes I e II.

> Liso como o ventre
> de uma cadela fecunda,
> o rio cresce
> sem nunca explodir.
> Tem, o rio,
> um parto fluente e invertebrado
> como o de uma cadela. (306)

> Como às vezes
> passa com os cães,
> parecia o rio estagnar-se. (308)

> Entre a paisagem
> o rio fluía
> . . . .
> Como um cão
> humilde e espesso. (308)

A metáfora do título salienta a área semântica da
privação, que se explica na Parte II, em uma
elaboração do símile *rio-cão,* que agora inclui uma
analogia entre "rio" e "homens". O símile negativo e
paradoxal de "cão sem plumas" se transmite através
de uma sintaxe elíptica que distingue diversos graus
de semelhança e intensidade:

> Como o rio
> aqueles homens
> são como cães sem plumas
> (um cão sem plumas
> é mais
> que um cão saqueado;
> é mais que um cão assassinado.

> Um cão sem plumas
> é quando uma árvore sem voz.
> É quando de um pássaro
> suas raízes no ar.
> É quando a alguma coisa
> roem tão fundo
> até o que não tem). (309)

A sintaxe elíptica por duas vezes omite o verbo após *quando*, atingindo a expressividade por meio da ausência, da falta. Este processo se repete com a preposição negativa em "o cão *sem* plumas", imagem que se torna símbolo de uma corrosão que penetra tão fundo que chega a corroer o que não há. Como observa Benedito Nunes, "todo ser violentado, cujos atributos se truncam e se confundem, como nos versos acima os atributos da árvore com os do pássaro, é um cão sem plumas. Exposto a uma geral corrosão, ele é natureza desfalcada"[19]. Os atributos, além de negativos, também deslocam-se dos objetos aos quais deveriam se aplicar para modificar aqueles aos quais jamais estariam associados — "cão sem plumas", "árvore sem voz", "pássaro [sem] raízes" — símbolos hiperbólicos e paradoxais referentes à forma mais extrema de privação. Como podemos observar, Cabral cria analogias inéditas baseadas não só na aparência física mas também na percepção de uma semelhança de função, de caráter ou de natureza essencial. A insistência rigorosa na relação *rio-cão* é contrabalançada pela flexibilidade inventiva dos semas comuns nos quais se estabelecem as comparações: "O rio teme aquele mar / como um cachorro / teme uma porta entretanto aberta" (314); "Aquele rio / está na memória / como um cão vivo / dentro de uma sala" (316).

A conjunção *rio-espada* (outra comparação de B a B) ocorre por duas vezes nas estrofes iniciais de II e III:

> Entre a paisagem
> o rio fluía
> como uma espada de líquido espesso. (308)

> A cidade é fecundada
> por aquela espada
> que se derrama,
> por aquela
> úmida gengiva de espada. (312)

---

19. **Ibid.**, p. 68.

Espada mobiliza a área semântica da "espessura", e a conotação fálica de sua descrição apóia a noção de fertilidade do verbo "fecundar".

A analogia *rio-fruta* (ligando B a A² no esquema acima) baseia-se nos conceitos de fertilidade, maturidade e estagnação:

> Seria a água daquele rio
> fruta de alguma árvore?
> Por que parecia aquela
> uma água madura?
> Por que sobre ela, sempre
> como que iam pousar moscas? (308)

Fruta denota principalmente a terra contida nas águas do rio. Às vezes *fruta* é substituída por "flores", e *rio* faz-se "mangue", o pântano que se forma no encontro do rio com o mar.

> Quer
> o mar
> destruir no rio
> suas flores de terra inchada,
> tudo que nessa terra
> pode crescer e explodir,
> como uma ilha,
> uma fruta. (314)

A analogia mangue-fruta, desdobrada nas duas estrofes finais da seção III, é retomada em IV, para com ela mudar o valor negativo da "fecundidade" do rio em valor positivo.

Outro conjunto de imagens formado por metáforas com base metonímica, se soma à permutação que acabamos de discutir dos elementos dados na primeira estrofe. Como observa Benedito Nunes, o tema de *O Cão sem Plumas* "não é o rio nem a cidade separadamente, mas a realidade opaca, viscosa e espessa, que eles formam"[20]. Uma técnica eficaz para apresentar esta união, vista como uma espécie de contágio entre a paisagem humana e a física, é o uso de metáforas com base metonímica. Gérard Genette, em seu artigo "Métonymie chez Proust", define "métaphores à fondement métonimique" como aquelas em que o comparante é tirado do universo espaço-temporal do texto; ele estuda "la présence et l'action des relations de

---

20. **Ibid**. p. 67.

'coexistance' à l'intérieur même du rapport d'analogie: le rôle de la métonimie dans la métaphore"[21]. Em *O Cão sem Plumas,* uma rede de semelhanças entre elementos que mantêm-se em contigüidade espacial — geralmente a semelhança é causada por contágio de objetos que estão próximos uns dos outros — contribui para prender o homem e o meio ambiente em uma ligação que prejudica a ambos. O rio absorve características da paisagem e do sistema social em decadência:

> Ele tinha algo, então,
> da estagnação de um louco,
> algo de estagnação
> do hospital, da penitenciária, dos asilos,
> de vida suja e abafada
> (de roupa suja e abafada)
> por onde se veio arrastando.
>
> Algo da estagnação
> dos palácios cariados,
> comidos
> de mofo, e erva-de-passarinho.
> algo da estagnação,
> das árvores obesas
> pingando os mil açúcares
> das salas de jantar pernambucanas,
> por onde se veio arrastando. (307)

Em outro trecho, a lama do rio adquire características humanas, porém negativas, de paralisia e doença, enquanto que o homem se desumaniza, mal se distinguindo da lama:

> Na água do rio,
> lentamente,
> se vão perdendo
> em lama, numa lama
> que pouco a pouco
> também não podè falar:
> que pouco a pouco
> ganha os gestos defuntos
> da lama;
> o sangue de goma,
> o olho paralítico
> da lama.
>
> Na paisagem do rio
> difícil é saber
> onde começa o rio;
> onde a lama

---

21. Gérard Genette, "Métonymie chez Proust, ou la naissance du récit", in **Figures III** (Paris: Editions du Seuil, 1972), p. 42.

> começa do rio;
> onde a terra
> começa da lama;
> onde o homem,
> onde a pele
> começa da lama;
> onde começa o homem
> naquele homem. (311)

À medida que ele perde suas características humanas, o homem começa a assemelhar-se às criaturas e substâncias que o circundam. Seu cabelo é como o camarão do rio e como os trapos que veste. Até mesmo as analogias decorrentes do esquema inicial de imagens podem sugerir uma relação metonímica; o cão esfomeado e sujo e a fruta madura que atrai moscas podem se encontrar na mesma paisagem tropical a que o rio pertence. As metáforas e os símiles baseados na semelhança entre o homem e o meio ambiente contribuem para o tom de objetividade que a crítica do autor mantém, ao apresentar o mal causado pelas condições sociais em termos de influências físicas nitidamente observáveis: a vida dos "homens sem plumas" parece estar "dissolvida / (naquela água macia / que amolece seus ossos / como amoleceu as pedras)" (312). A base metonímica de muitas das metáforas é um dos recursos através dos quais o poema estabelece uma representação verossímil: uma linguagem descritiva, que vai buscar tropos no território físico-espacial que descreve, parece "fiel" a este meio ambiente.

As duas primeiras partes de *O Cão sem Plumas* têm o mesmo título: "Paisagem do Capibaribe". A primeira parte descreve o aspecto e a natureza do rio, que possui consciência antropomórfica e observa atentamente a paisagem por onde flui. A segunda parte apresenta os habitantes, e extrai o significado ético e social da observação direta do conjunto rio-homem-paisagem. Já as duas últimas partes do poema, "Fábula do Capibaribe" e "Discurso do Capibaribe", atuam em um plano mais abstrato; seus títulos sugerem a apreensão do significado não através da observação mas sim de construções intelectuais, uma fábula e um discurso.

A referência à "Fábula" indica explicitamente que a ação do rio tem uma dimensão simbólica. O fio narrativo relata o encontro de duas forças opostas: o rio, com seus atributos nomeados nas estrofes anteriores — "espessura", "estagnação", "fecundidade" — e o oceano, cuja pureza destrutiva apresenta-se pela primeira vez por intermédio de uma analogia surpreendente, onde o mar se compara a uma bandeira. Este símile chama atenção para a manipulação da imagística e para a busca de uma precisão representativa que requer a distorção e a ampliação dos termos originais:

> (Como o rio era um cachorro,
> o mar podia ser uma bandeira
> azul e branca
> desdobrada
> no extremo do curso
> — ou do mastro — do rio.
>
> Uma bandeira
> que tivesse dentes:
> que o mar está sempre
> com seus dentes e seu sabão
> roendo suas praias. (313)

Esta seção começa a dar um sentido positivo a "fecundidade" e "espessura", campos semânticos que o poema acentua de diversas formas durante a descrição do rio e da paisagem ao redor. A pureza do mar, em contraste com a fertilidade e espessura do rio, assinala-se como negativa, uma vez que dispende sua energia em esqueletos:

> Uma bandeira
> que tivesse dentes:
> como um poeta puro
> polindo esqueletos
> como um roedor puro,
> um polícia puro
> elaborando esqueletos,
> o mar
> com afã,
> está sempre outra vez lavando
> seu puro esqueleto de areia. (313)

É nesta seção que a analogia rio(pântano)-fruta desenvolve-se de forma mais demorada, quando o mar tenta destruir a impureza fecunda do rio: "Quer / o mar / destruir no rio / suas flores de terra inchada, tudo o que nessa terra / pode crescer e explodir, / como uma ilha, / uma fruta" (314). A estagnação, que em I possibilita a comparação entre o rio e a "fruta madura", é abandonada aqui, uma vez que a fertilidade do rio se torna uma força ativa. "Aqueles mangues / são uma enorme fruta" por causa de sua vitalidade persistente, que os leva a separar-se do continente para formar ilhas:

> A mesma máquina
> paciente e útil
> de uma fruta;
> a mesma força
> invencível e anônima
> de uma fruta
> — trabalhando ainda seu açúcar
> depois de cortada —. (315)

O conflito entre o mar e o rio se resolve com uma vitória parcial para cada lado. O Capibaribe finda o seu curso mas o mar não consegue aniquilar sua impureza, que acaba sendo transformada. A espessura do rio agora vista como positiva, invade a pureza estéril do mar com "coroas de terra", "uma nova planta", "ilhas súbitas/aflorando alegres" (315). O significado simbólico da fábula deriva-se desta luta, que sugere, implicitamente uma forma de ação para os "homens sem plumas". O rio, humilde e pobre, fortifica-se na união ("junta-se o rio / a outros rios. / Juntos, / todos os rios / preparam sua luta", 315), e na exploração de seus próprios recursos previamente desconhecidos. De sua espessura e fertilidade, o rio retira paciência, persistência, e energia criativa. Assim, consegue enfrentar com êxito a força oposta, a corrosão do mar: "o mar e a boca de seus ácidos", "o mar e seu estômago / que come e se come" (313).

A introdução dos conceitos de vida e energia transforma a fertilidade do rio: de estagnada passa a ativa, de negativa a positiva. Este processo de transformação continua em IV. O "Discurso do Capibaribe" revela o significado do rio, separando-o do seu "curso" ou cenário físico e localizando-o na memória. A primeira estrofe retoma a analogia *rio-cão,* mas com a diferença de que *cão,* antes modificado por "manso", "triste", "sujo", "humilde", é agora, acima de tudo, "vivo":

> Aquele rio
> está na memória
> como um cão vivo
> dentro de uma sala.

Como um cão vivo
dentro de um bolso.
Como um cão vivo
debaixo dos lençóis,
debaixo da camisa,
da pele. (316)

Há sugestões de *espada* em "Um cão, porque vive, /
é agudo. / O que vive / não entorpece. / O que vive
fere" (316). O campo semântico de "espessura", enten-
dido como um traço caracterizador de "o que vive"
e "o real", é um termo positivo:

O que vive
incomoda de vida
o silêncio, o sono, o corpo
que sonhou cortar-se
roupas de nuvens
O que vive choca,
tem dentes, arestas, é espesso.
O que vive é espesso
como um cão, um homem,
como aquele rio.

Como todo real
é espesso.
Aquele rio
é espesso e real. (316-17)

A presença agressiva do real perturba "o silêncio", "o
sono", palavras que, juntamente com "sonho" e "nuvens", lembram a estética de *Pedra do Sono*. Em III, a
pureza do mar alude à pureza do deserto de Anfion,
que prefere viver "entre os / esqueletos do antigo /
vocabulário" (323). Mas a caracterização irônica do
mar, "como um poeta puro / polindo esqueletos" situa
os valores de silêncio e esterilidade, zelosamente busca-
dos por Anfion, em um plano negativo, e defende a
fertilidade da qual Anfion fugia. A pureza do mar é
negativa porque é destrutiva e autodestrutiva, limita-
dora e repetitiva. O real, que faz os sonhos parecerem
supérfluos e os esqueletos insuficientes, impõe-se ao
observador, com sua agressividade e variedade, exigindo atenção, pois entra em choque com os preconceitos
daquele que o percebe. Assim, temos aqui, implícita
ainda que não desenvolvida, uma crítica à poética anterior de Cabral e a apresentação de outra poética que
a substitui. "O que vive", o que é "espesso e real",
é colocado como elemento necessário à poesia, e salva

100

o poeta do solipsismo de quem lava esqueletos e da absorção em "seu silêncio, alcançado / à custa de sempre dizer / a mesma coisa" (314).

O poema desloca-se, pois, de uma visão calcada na observação para uma expressão do significado da região, através de um processo intelectual distanciado da paisagem. A explicação dada para a persistência do rio na memória alude, ao mesmo tempo, à natureza do real. Em uma configuração final, onde se retoma *rio, maçã (fruta), cachorro*, o poema distingue entre a intensidade do real na vida vegetal, animal e humana, estabelecendo uma hierarquia na qual a sobrevivência física do homem tem importância primordial.

> Como é mais espesso
> um homem
> do que o sangue de um cachorro
> Como é muito mais espesso
> o sangue de um homem
> do que o sonho de um homem. (317)

"Real" e "espesso" se juntam de tal forma que o conceito de "espessura" começa a desvencilhar-se de seu sentido literal de densidade material; as distinções não são mais necessariamente baseadas na natureza física das substâncias comparadas: "Como é mais espesso / o sangue do cachorro / que o próprio cachorro" (317). A estrofe seguinte afasta ainda mais o conceito de "espessura" de seu sentido literal. O que poderia a princípio parecer uma afirmação da importância da atenção ao mundo material, antes de se partir para abstrações, torna-se uma asserção da realidade da pobreza e da fome, as quais em sua carência extrema possuem uma espessura superlativa:

> Como uma maçã
> é muito mais espessa
> se um homem a come
> do que se um homem a vê
> Como é ainda mais espessa
> se a fome a come.
> Como é ainda muito mais espessa
> se não a pode comer
> a fome que a vê (317)

As contínuas diferenciações atuam no sentido de tornar a região do Capibaribe símbolo de uma realidade fundamental, tanto mais densa quanto vítima de uma severa privação. O rio, espesso no sentido literal da palavra "pelo fluir / de suas geléias de terra", é espesso no sentido figurado, "por sua paisagem espessa / onde a fome / estende seus batalhões de secretas / e íntimas formigas" (318). Os mesmos elementos — *rio, fruta, cão* — que foram usados para descrever relações concretas, tornam-se partes de metáforas que definem, ao invés de descrever, o significado básico do rio e dos habitantes de suas margens. O rio e sua gente têm em comum ao menos o êxito parcial de conservarem a vida — "Porque é muito mais espessa a vida que se desdobra em mais vida" — e continuarem lutando pela sobrevivência. O poema não propõe outra solução, a não ser celebrar esta luta, que abre a perspectiva de um futuro talvez melhor:

> porque é muito mais espessa
> a vida que se luta
> cada dia,
> o dia que se adquire
> cada dia
> (como uma ave
> que vai cada segundo
> conquistando seu vôo) (318)

A mudança dos valores de "fertilidade" e de "espessura" é de importância básica para o significado do poema. Após apresentar a visão mais desoladora do rio e de sua gente derrotada ("Difícil é saber / se aquele homem / já não está / mais aquém do homem", 312), a defesa de ambos através dos conceitos de "vida" e "realidade" legitima a importância de tudo aquilo que possui essa mesma energia densa e irredutível. Enfatizando a realidade terrível do rio e das pessoas, o poema reforça a primazia dos mesmos. E o faz com uma insistência que parece querer abalar a complacência daqueles que vivem "de costas para o rio".

Dois métodos complementares, ambos atuando no sentido de estabelecer a verossimilhança, podem ser observados na linguagem do poema. O uso de analogias engenhosas e surpreendentes, paradoxos, hipérboles, combinações incongruentes, reversões inesperadas de valores, e a alusão explícita ao processo de elaboração de imagens, exprimem o esforço de descrever adequadamente uma realidade perturbadora. O segundo método contrabalança o primeiro, e apóia-se nos recursos da prosa. Sua justificação implícita é que uma linguagem simples, direta, de meios limitados é a mais adequada para a descrição de uma realidade de miséria. Em uma passagem anteriormente citada, Cabral observa a adequação dos recursos da prosa à representação da realidade exterior: "o vocabulário prosaico está pesado de realidade, sujo de realidades inferiores, as do mundo exterior..."[22] Vários recursos no poema fazem lembrar a linguagem de uma prosa sem adornos, mimética, e funcional: o tom discriminativo e lógico, as insistentes repetições de palavras e expressões, mesmo em posição de rima, sugerindo assim uma restrição léxica. Certas metáforas exprimem também uma pobreza de recursos lingüísticos que pode ser encarada como uma imitação da pobreza da terra. A metáfora "numa lama... / que pouco a pouco / ganha os gestos defuntos / da lama" (311) culmina com a comparação de alguma coisa com ela própria. Em outro trecho, variações da mesma palavra — "negro", "mendigo" — funcionam como adjetivos e substantivos, tanto no comparado quanto no comparante do símile, exprimindo circularidade e limitação:

> Abre-se em flores
> pobres e negras
> como negros.
> Abre-se numa flora
> suja e mais mendiga
> como são os mendigos negros. (306)

Como os símiles acima, as metáforas com base metonímica, apontando para semelhanças entre objetos que coexsitem no mesmo espaço, ressaltam a limitação da linguagem poética e da realidade que ela descreve. A linguagem de *O Cão sem Plumas,* portanto, ao mesmo tempo que exprime uma estrita limitação de meios, até mesmo uma pobreza de recursos, ultrapassa estas limitações, introduzindo analogias inesperadas e realizando permutações surpreendentes. O desenvolvimento do esquema inicial de tropos pode servir de exemplo de como os dois eixos — o uso metódico de umas poucas imagens, e o enriquecimento destas em desdobramentos engenhosos — trabalham conjuntamente no poema.

---

22. "A Geração 45", **op. cit.**

O Rio

Neste poema, com seu subtítulo explicativo — "ou relação da viagem que faz o Capibaribe de sua nascente à cidade do Recife" — a linguagem descritiva deriva em parte sua autoridade da relação mimética que estabelece com o discurso oral. É, no entanto, uma linguagem oral mediada pela literatura, como ressalta Benedito Nunes:

> A estrutura de *O Rio* é a de um poema construído sob ditado, que conserva, na linguagem escrita, a mobilidade, a incompletude, os rodeios e as redundâncias da linguagem oral. Até mesmo nas variações de métrica, estampa-se algo de um improviso, de um momentâneo ditado. Temos assim, à primeira vista, uma mimese do estilo oral dos cantadores, senão daquele romanceiro popular do nordeste, de que *O Rio* recebe o tom e o metro do verso. É desse estilo que o poema aprende os aspectos mais característicos, introduzindo-os no grosso tecido de seu texto. São as repetições, o ritmo monocórdio, o emprego constante do particípio presente... [23]

Há igualmente referências claras à poesia popular nas inversões sintáticas ("Sou viajante calado / para ouvir histórias bom...", 278). Outra técnica comum na poesia popular é a seqüência de rimas formada por sufixos verbais idênticos ("mudando", "passando", "navegando", "ficando", "retirando" (275), por exemplo). *O Rio* não mantém, no entanto, a regularidade formal da poesia dos cantadores, apesar de usá-la como referência para estabelecer uma relação firme entre a paisagem local e a voz do narrador.

Em contraste com *O Cão sem Plumas*, onde metáforas ágeis e a construção de imagens estão em primeiro plano, *O Rio* utiliza um estilo simples. A epígrafe deste poema, proveniente de Berceo — "Quiero que compongamos io e tú una prosa" — aponta ao mesmo tempo para a mimese, para a linguagem oral e para a

---

23. Benedito Nunes, **op. cit.**, p. 80. O autor prossegue, sugerindo a influência que exerceu a poesia espanhola anterior à Idade de Ouro no estilo oral de **O Rio:** "Essa absorção do popular desce a raízes mais profundas, unindo-se às nascentes anônimas da época medieval castelhana, no **Cantar del Mio Cid** e nos romances posteriores do séc. XV, cuja escorreita simplicidade, com a sua cadência larga e monótona, com seu andamento de prosa, ofereceu ao poeta um modelo de contenção (...) Essas raízes são as de uma arte literária com suas convenções próprias, distintas e anteriores às da epopéia renascentista, e que, ao contrário desta não contornam os elementos prosaicos da existência social, que a **mimese** de inspiração clássica abandonaria, por pouco elevados ou nobres. Sem que se reedite a idéia de produção espontânea e inconsciente desses ou de outros poemas medievais, vê-se, por aí o que há de comum entre a poesia tradicional castelhana e o romanceiro do Nordeste" (p. 81).

busca de uma linguagem simples. Esta epígrafe que se refere à colaboração entre o rio e o poeta, "[o] escrivão / que foi escrevendo o que eu dizia" (284) também sugere a relação implícita entre o autor e o leitor. O rio apresenta os dados de uma certa realidade geográfica e social não como obra acabada mas sim como depoimento e processo a ser completado pela participação do leitor. Na época de Berceo, "prosa" significava ao mesmo tempo poema e hino, e este é com efeito o significado da palavra no contexto de onde é retirada a epígrafe[24]. Cabral, contando sem dúvida com a interpretação do leitor moderno, desinformado, sugere uma poesia despretensiosa e de uma comunicabilidade que não exija maior esforço, neste ponto imitando a prosa. A epígrafe funciona também como uma homenagem a Berceo, cujo uso habilidoso de imagens concretas Cabral admira[25], e cuja presença em seus poemas, figurando em sua própria pessoa como testemunha do mundo por ele descrito, pode ter sido uma fonte inspiradora para a perspectiva do rio.

O âmbito léxico é limitado em *O Rio,* e as palavras-chaves — "rio", "caminho", "mar", "cana", "terra", "pedra" — repetem-se insistentemente. O próprio poema define a linguagem do rio como "relação / tecida em grosso tear" (302); a aparência de desleixo e falta de refinamento são efeitos propositais. Composto de versos de 6 a 11 sílabas, tem nos versos pares rimas irregulares, na maioria das vezes toantes ou apenas aproximadas, e com menor freqüência rimas consoantes. Muitos trechos exibem o efeito restritivo da rima composta de repetições de uma mesma palavra. Como em "Anfion", as anotações feitas na margem anunciam o assunto de cada seção. Devido a suas repetições, redundâncias e dispersão, o efeito global é de prosaísmo e monotonia.

Além das já mencionadas críticas feitas a um tipo de escrita que ressalta os aspectos pitorescos da paisagem, há no poema referências a artistas — os poetas Manuel Bandeira e Joaquim Cardozo, o pintor Cícero

---

24. "En la Edad Media 'prosa' significa también 'poema', 'himno'. ...Berceo emplea ocho veces la palabra 'prosa' con este significado ... (E)n el **Duelo que fizo la Virgem María,** la misma Gloriosa visita en su celda a San Bernardo y en íntimo coloquio pide al santo colaboración para componer juntos una 'prosa': 'Quiero que compongamos io e tú una prosa' ". Joaquín Artiles, **Los recursos literarios de Berceo** (Madrid: Editorial Gredos, 1964), pp. 13-14.

25. "Depoimento de João Cabral de Melo Neto", **op. cit.,** p. 187.

105

Dias — e a compiladores de fatos: Frei Caneca, autor de *Itinerário de uma Viagem ao Ceará,* e Sebastião Galvão, autor do *Dicionário Corográfico, Histórico e Estatístico de Pernambuco.* Estas alusões, todas a escritores pernambucanos, afirmam o valor da observação atenta e também, em um poema tão voltado para o oral e o popular, o apreço à percepção artística e aos textos escritos, ao mesmo tempo que conferem à fala do rio um tom erudito com efeito humorístico.

Cabral observa que *O Rio* é composto em "linguagem direta, não-metafórica"[26]. Se retornarmos aos dois métodos subjacentes à linguagem de *O Cão sem Plumas,* podemos dizer que *O Rio* dá ênfase às técnicas que criam o efeito de limitação de recursos, de dependência na linguagem direta da prosa, a qual é interrompida, ocasionalmente, por recursos artísticos evidentes. No entanto, metáforas e símiles aparecem com freqüência. Na primeira seção encontramos: "Eu sei o que os rios / têm de homens do mar; / sei que se sente o mesmo / e exigente chamar"; "rio menino", "leito de areia / com suas bocas multiplicadas", "terras fêmeas", e "homens / com raízes de pedra, ou de cabra" (273-4), exemplos do tipo de linguagem figurada mais empregado em *O Rio.* Trata-se de uma imagística relativamente discreta, talvez devido a sua prevalência na poesia popular e na linguagem coloquial: a conversão da paisagem em ente vivo, e o seu reverso, a comparação do homem com o meio ambiente natural. Muitas vezes estas metáforas têm uma base metonímica: elementos da paisagem relacionam-se uns com os outros, ou com a figura humana, e o homem possui as mesmas características de seu ambiente. Elementos inanimados da paisagem física são por vezes comparados a animais: "casas desertas: / vêm para a beira da água / como bichos com sede" (276); "os rios, como os bois, são ronceiros" (281). Os habitantes de Ribeiro Fundo têm as mesmas características dos objetos que eles fazem:

> Passa Ribeiro Fundo
> onde só vivem ferreiros,
> gente dura que faz
> essas mãos mais duras de ferro. (281)

Os rios se assemelham aos trabalhadores rurais, pois tanto a paisagem quanto o homem estão subordinados

---

26. **Ibid.,** p. 189.

às necessidades da indústria, e trabalham para usinas, engenhos, "no mesmo duro serviço" (284). Em cada região por onde o rio passa, o homem absorve as características da paisagem, e esta por sua vez, passa a assemelhar-se ao homem e até mesmo a moldar-se em sua imagem. Em um determinado trecho da paisagem, a dureza é o denominador comum à terra, às plantas e às pessoas:

> Vou na mesma paisagem
> reduzida à sua pedra.
> ....
> E se aqui há mais homens,
> esses homens melhor conhecem
> como obrigar o chão
> com plantas que comem pedra.
> Há aqui homens mais homens
> que em sua luta contra a pedra
> sabem como se armar
> com as qualidades da pedra. (279)

As características que a paisagem transfere para o homem são, na maioria das vezes, nocivas a ele. Enquanto no sertão a riqueza depende da água e os pobres compartilham com a terra árida "[a] mesma dor calada / o mesmo soluço seco, / a mesma morte de coisa / que não apodrece mas seca" (278), no Recife a terra seca é privilégio dos poderosos: "passa ainda a cadeia, / passa o Palácio do Governo, / ambos robustos, sólidos, / plantados no chão mais seco" (297), e o homem pobre apodrece na lama.

Além das matáforas ou comparações com base metonímica, há ao longo de *O Rio* uma série de analogias que prenunciam a viagem do rio, introduzindo "mar" e outras palavras a ela associadas em descrições da região da Caatinga e da Zona da Mata: "Vou com passo de rio / que é de barco navegando" (275); "mar de cinza" (274) retrata a paisagem árida. Mais adiante, as plantações de cana-de-açúcar, os "mares de verde" (290), são repetidamente comparados ao mar: "Através deste mar / vou chegando a São Lourenço, / que de longe é como ilha / no horizonte de cana aparecendo" (291). A analogia feita entre o canavial e o mar, baseada na semelhança visual entre as duas amplidões verdes, contém uma crítica, quando descreve a formação dos latifúndios, e a absorção de umas plantações por outras:

> Sei que antes esses mares
> inúmeros se dividiam
> até que um mar mais forte
> os mais fracos engolia
> (hoje só grandes mares
> a Mata inteira dominam). (391)

Outra metáfora que se desdobra em várias, também com intenção crítica, é a *usina-boca:* "tudo planta de cana / para uma só boca de usina" (285). Esta analogia se fundamenta não na semelhança visual mas na concepção da usina como agente devorador: ela toma terras dos bangüês e engenhos menos mecanizados, bem como a terra do pequeno lavrador. O canavial, plantado para a usina, funciona como outra boca, a ela subordinada:

> O canavial é a boca
> com que primeiro vão devorando
> matas e capoeiras,
> pastos e cercados;
> com que devoram a terra
> onde um homem plantou seu roçado;
> depois os poucos metros
> onde ele plantou sua casa;
> depois o pouco espaço
> de que precisa um homem sentado;
> depois os sete palmos
> onde ele vai ser enterrado. (287)

Mais tarde as plantações de cana serão, por sua vez, devoradas pela usina:

> Só na usina é que vi
> aquela boca maior,
> a boca que devora
> bocas que devorar mandou. (288)

Apesar de a analogia *usina-boca* exigir menos do leitor do que o complicado sistema de equivalências de *O Cão sem Plumas,* ela funciona como algumas das analogias daquele poema, por meio de um desenvolvimento hiperbólico e implacável que exprime uma visão crítica do sistema social, aqui identificado especificamente como uma vasta e poderosa fazenda de cana-de-açúcar, que abastece a usina, a qual, por sua vez, para se alimentar devora mais terra, com seus respectivos habitantes. As pessoas cuja terra é devorada pela usina tornam-se os trabalhadores, portanto os dentes daquela boca:

> ...essa gente mesma
> na boca da Usina são os dentes
> que mastigam a cana
> que a mastigou enquanto gente (288)

Estes dentes rapidamente se autoconsomem devido às péssimas condições de trabalho: "Dentes frágeis, de carne, / que não duram mais de um dia; / dentes são que se comem / ao mastigar para a Companhia" (289). Uma metáfora com base metonímica identifica estes homens relacionando-os com o bagaço da cana-de-açúcar: "vi homens de bagaço / que morte úmida embebia" (289). Apesar de a linguagem descritiva conter paradoxos, contrastes abruptos, e estar longe de ser uma "linguagem não-metafórica", como Cabral a denomina, as analogias são de fácil apreensão, e a maior parte da imagística é do tipo que não chama atenção para si mesma, trabalhando discretamente para estabelecer uma visão da paisagem que parece fundada em observação meticulosa e fatos incontestáveis.

A linguagem poética de *O Cão sem Plumas* e *O Rio* podem então ser classificados segundo dois eixos básicos, cada um predominando em um dos poemas e ambos trabalhando no sentido de estabelecer e confirmar a verossimilhança, a adequação da palavra poética à coisa que diz. O primeiro eixo, que prevalece em *O Cão sem Plumas,* é guiado por uma imaginação ousada mas impessoal. As analogias inesperadas, os paradoxos, as hipérboles, as combinações incongruentes, as mudanças repentinas de valores, e mesmo as referências explícitas ao próprio método de elaborar as imagens, são procedimentos cuja implicação semântica vem a ser não a demonstração desvanecida de uma imaginação original mas o esforço de descrever de maneira adequada uma realidade onde predomina a violência e a distorção. É este também o eixo que predomina em *Morte e Vida Severina,* obra que depende fundamentalmente do paradoxo, da hipérbole, e da estilização, processos de distorção que se justificam como resultados da existência violentada que sofrem os personagens. O segundo eixo compreende os recursos da poesia que mais se aproximam dos da prosa. A linguagem simples, direta, de meios limitados, a organização lógica, as insistentes repetições de palavras e expressões mesmo em posição de rima, as metáforas com base metonímica que apontam para a semelhança entre objetos que coexistem no mesmo espaço, são recursos que predominam em *O Rio*. Podem ser interpretados como dirigidos por um desejo de imitar, com uma linguagem simples que alude à prosa em sua função tradicional de escrita mimética, a pobreza da paisagem humana e natural.

A verossimilhança, nestes poemas, como em toda obra de arte, funciona mais como um meio do que como um fim. Em *O Cão sem Plumas* e *O Rio,* a verossimilhança contribui para a retórica persuasiva que apresenta não uma mimese desinteressada mas uma construção verbal motivada por um propósito crítico. A passagem da descrição à interpretação, bem clara nas duas partes finais de *O Cão sem Plumas* — "Fábula do Capibaribe" e "Discurso do Capibaribe" — fica implícita em *O Rio,* quando este responde à sua própria pergunta sobre o que pode deixar "de conselho ou de recado" à gente que vive às suas margens:

> Somente a relação
> de nosso comum retirar;
> só esta relação
> tecida em grosso tear. (302)

Mas mesmo em *O Rio,* a descrição e a narração apontam para além do referente mimeticamente representado. As "coisas" deste espaço físico delimitado se mostram insistentemente como "coisas de não" (a expressão é de *Morte e Vida Severina),* por meio de uma retórica crítica que se apóia na verossimilhança inicial para aparecer tão evidentes e bem documentadas quanto são claras as formas da paisagem física.

A realidade exterior que preocupa Cabral nestes três poemas transmite uma carga de miséria e sofrimento, e a princípio talvez pareça afastada do mundo vazio e esquelético de Anfion. Mas após uma observação mais detida, podemos ver que cada vez mais são as formas esvaziadas, ocasionadas pela miséria social ou outras forças contrárias, que motivam a poesia de Cabral. E podemos ainda traçar um paralelo entre a fome, a seca, a esterilidade e o silêncio do deserto de Anfion com as mesmas características da paisagem de "coisas poucas e secas além de sua pedra" (275), onde os habitantes sofrem uma "dor calada" (278). "O vazio", "o pouco", "o escasso" contêm, paradoxalmente, uma força subjacente e possuem uma energia inesperada paralela àquela do silêncio do deserto em "Anfion". Esta configuração de "coisas de não", definida por uma ausência que as corrói, mas que adquire uma agudeza agressiva derivada de sua própria privação, é o tema central de *Paisagens com Figuras* e *Uma Faca Só Lâmina,* escritos nos mesmos anos produtivos — 1954-1955 — em que Cabral escreveu *Morte e Vida Severina.* A configuração da ausência estabelecida em "Anfion", persiste através dos três poemas do Capibaribe, transformada por uma dimensão de crítica social. E continuará ativa nos poemas posteriores num processo contínuo de enriquecimento de significado.

5. "O ESTILO DAS FACAS":

PAISAGENS COM FIGURAS E *UMA FACA SÓ LÂMINA*

Nestes dois livros publicados em 1956, "faca" torna-se o símbolo principal com o qual a poesia alude a sua própria linguagem. A faca e suas variantes já aparecem antes, com menos freqüência, como objetos metafóricos privilegiados: o silêncio, em "Anfion", é "desperto e ativo como / uma lâmina"; em *O Cão sem Plumas,* uma das analogias-chave compara "rio" e "espada". Como nos poemas do Capibaribe, continua a estabelecer-se uma relação de semelhança entre a linguagem poética e os temas da poesia, temas que a agudeza da faca também pode representar. "Encontro com um poeta", por exemplo, descreve a voz de Miguel Hernández que o sofrimento faz cortante: "igual que árvore amputada / ganhara gumes de pedra" (257). Quase todos os poemas de *Paisagens com Figuras* tem por tema uma paisagem ou uma figura formadas ou deformadas por alguma dura condição que lhes confere corte e agudeza. Em *Uma Faca só Lâmina,* a faca define não só um certo tipo de linguagem poética como também um estado psicológico e o comportamento que dele decorre. "Faca ou qualquer metáfora, / pode ser cultivada" (189), pois faca é apenas a metáfora principal num sistema de analogias em constante permutação.

Tanto a coletânea quanto o poema longo remetem com insistência a conceitos negativos: o vazio, o sem, o escasso, o nada, e a carência psicológica, uma espécie de vazio interior, resultante das "idéias fixas", cuja "serventia", como indica o subtítulo de *Uma Faca só Lâmina,* o poema examina. Este predomínio do negativo determina o uso de palavras de referência concreta na linguagem figurada, onde aparecem `com freqüência objetos acompanhados de modificadores negativos, objetos incompletos ou destituídos de seus acessórios normais. Com sua linguagem-faca, Cabral apresenta um mundo mutilado pela falta e pela miséria, ou visto sob luz positiva, incisivo e contundente, como as touradas na Espanha ou o canto andaluz.

Paisagens com Figuras

Neste livro, a regularidade da forma reflete a persistência dos temas centrais. Quinze dos dezoito poemas se compõem de quadras. Aparecem, em número considerável, rimas toantes e consoantes, e na maioria dos poemas o metro utilizado é a redondilha maior. Não há, porém, uma regularidade rígida e ocorrem desvios tanto na métrica quanto na rima. "Aquela fácil medida / ...sem régua e sem compasso" ("Duas paisagens", 269) parece guiar a forma regular mas descontraída desta coletânea, onde os padrões uniformes não se propõem como refinamento prestigioso. Cabral emprega a métrica curta da "arte menor" e estabelece como modelos artísticos um artesão ("Paisagem tipográfica"), a arte folclórica ("Alguns toureiros", e o canto da Andaluzia em "Diálogo"), o poeta-artesão Joan Brossa ("que sobre o papel de estiva / compõe versos a carvão" (251) e Miguel Hernández, o "hortelão de Orihuela" (256), cuja poesia em parte reflete o apego do poeta a certas paisagens. Por meio destas alusões, Cabral continua a definir uma arte comprometida com o rústico e com a terra, e dona de uma simplicidade deliberada.

Com exceção de "Alguns toureiros" e "Diálogo", todos os poemas de *Paisagens com Figuras* apresentam uma paisagem onde muitas vezes se inserem figuras humanas. Estes poemas ao mesmo tempo descrevem e definem, representando uma imagem concreta e formulando o seu significado. A predicação introduzida pelo verbo "ser", que tanto descreve quanto define, aparece com freqüência:

> O campo de Tarragona
> é mapa de uma só cor. (253)

> O canto da Andaluzia
> é agudo como seta. (264)

A paisagem do Nordeste se enriquece pela presença da Espanha, seus lugares, artistas, e sua cultura popular. Alguns poemas falam do Nordeste ou só da Espanha; outros buscam comparações entre as duas regiões. A justaposição das terras secas da Espanha e do Nordeste mostra as semelhanças e também as diferenças que persistem apesar das semelhanças. A voz narradora mantém uma certa distância da paisagem. Em "Campo de Tarragona" e "Alto do Trapuá", a paisagem é vista do alto, manifestação física do distancia mento intelectual que permite examinar o objeto de vários ângulos, em seus contornos geométricos, simetrias, e significado.

O narrador aprende com a paisagem e ensina o que aprende em versos epigramáticos e concisos. O primeiro poema, "Pregão turístico do Recife" (245), oferece um exemplo característico da linguagem de *Paisagens com Figuras:* o tom didático, a distância cerimoniosa em relação ao leitor, o gênero que abrange a descrição e a definição. A paisagem não é vista num momento específico nem em seus pormenores, mas sim em sua forma geral e estável. A voz narradora chama atenção metodicamente para lições de ética e estética ao descrever o mar, os sobrados, e o rio de Recife. À primeira lição, a extração de uma imagem visual do mar de Recife — "um fio de luz precisa, / matemática ou metal" — segue-se outra, também de estética, propondo que a escrita imite o "equilíbrio leve" dos sobrados. Numa progressão que novamente superpõe um comentário crítico a uma descrição inicial, como em *O Cão sem Plumas,* a terceira lição de "Pregão turístico" coloca a vida do homem como elemento principal da paisagem:

> e na gente que se estagna
> nas mucosas deste rio,
> morrendo de apodrecer
> vidas inteiras a fio,
>
> podeis aprender que o homem
> é sempre a melhor medida.
> Mais: que a medida do homem
> não é a morte mas a vida. (246)

O tom didático desta coletânea tem como instrumento eficaz um estilo epigramático, conciso e seguro. As características que Barbara Herrnstein Smith assinala como típicas do epigrama se encontram em cada poema de *Paisagens*: "o tom de autoridade, ...a relativa freqüência de termos universais, superlativos, e absolutos"[1], "conclusões espirituosas ou sentenciosas, formulações aforísticas, repetições aliterativas e equilibradas, trocadilhos, antíteses, e a própria concisão..."[2]

As figuras humanas habitam a paisagem em conflito com ela, antagonismo que exprime também a luta contra adversidades econômicas e sociais. As características negativas que o homem compartilha com o ambiente hostil mostra sua derrota frente a ele:

> É a luta contra o deserto,
> luta em que sangue não corre,
> em que o vencedor não mata
> mas aos vencidos absorve. (253)

Uma variação interessante do rigor comum que aflige homem e paisagem fundamenta a linguagem figurada de "Encontro com um poeta" (255). Aqui os elementos da natureza não derrotam o ser humano mas ao contrário exprimem a imortalidade de um poeta. "Em certo lugar da Mancha / onde mais dura é Castela", o vento interpreta "aquela voz final / de Miguel, rouca de guerra". O sofrimento de Miguel Hernández, vítima da Guerra Civil Espanhola, entranha a "terra sofrida / e

---

1. Barbara Herrnstein Smith, **Poetic Closure: A Study of How Poems End** (Chicago: The University of Chicago Press, 1968), p. 158.
2. **Ibid.,** p. 197.

batida" de sua poesia, que por sua vez repete a dureza de sua terra natal, e fica para sempre metaforicamente presente no vento que lá sopra "armado de areia".

As "figuras" do título também dão relevo especial às figuras de linguagem, aos tropos essenciais na poesia de Cabral. A colocação de analogias e a busca de diferenças dentro dessas analogias, são as figuras básicas neste livro. Cabral emprega freqüentemente comparativos, superlativos, e uma linguagem que busca a particularidade dos objetos ou proposições por meio de construções negativas. William Carlos Williams certa vez afirmou que a descoberta de diferenças é um recurso poético mais eficaz que a analogia: "Muito mais agudo é o poder que descobre nas coisas as partículas inimitáveis de dessemelhanças, que constituem as perfeições especiais do objeto em questão"[3]. Assim como Williams não exclui a metáfora de sua poesia, Cabral também maneja uma retórica da diferença ao lado de uma linguagem rica em metáforas e metonímias. Mas ao contrário de Williams, Cabral rara vez descreve as perfeições das coisas, e ressalta, ao contrário, características negativas, as deficiências ou defeitos. A comparação com a Espanha, por exemplo, mostra a aridez ainda maior do Nordeste. O vale do Capibaribe é "cena para cronicões, / para épicas castelhanas":

> Mas é paisagem em que nada
> ocorreu em nenhum século
> (nem mesmo as águas ocorrem
> nas línguas dos rios secos). (252)

Uma analogia funciona muitas vezes como ponto de partida para o poema, analogia que se desdobra por meio de mudanças no comparante e nos semas comuns que possibilitam as comparações. "Imagens em Castela" (247) propõe três comparantes para descrever a paisagem, numa progressão que vai aos poucos se afastando da aparência visual para aproximar-se de um significado essencial, que leva em conta as condições sociais do lugar. Este poema, que pode ilustrar o emprego, em *Paisagens com Figuras,* de objetos concretos modificados e deformados, apresenta três objetos — mesa, palco, e pão — como analogias da paisagem de

---

3. Citação de Bram Dijkstra, **The Hieroglyphics of a New Speech** (Princeton: Princeton University Press, 1969), p. 128.

Castela. O poema narra, ao mesmo tempo, o processo de "procurar a imagem", eixo principal da elaboração da poesia de Cabral. "Imagens em Castela" mostra e comenta a busca da imagem que deflagra o poema:

> Se alguém procura a imagem
> da paisagem de Castela
> procure no dicionário:
> *meseta* provém de mesa. (247)

As primeiras seis das onze estrofes descrevem a paisagem em termos do que Hugh Kenner denomina "a experiência do olhar": "as palavras só podem colocar as coisas vistas diante da mente através de um sistema de analogias..."[4] "Mesa", comparante que parece apropriado por sua ligação etimológica com o comparado, esclarece as proporções físicas de *meseta*, formação geográfica de Castela. A seguir, o poema desenvolve e modifica "mesa" como metáfora para a paisagem. Adequada a princípio por sua extensão de superfície plana, "mesa" logo aparece modificada por atributos negativos que abarcam tanto o próprio objeto como o ambiente que o cerca. É através da metonímia que a imagem evolui: a partir da mesa, o olhar percorre a sala e a casa.

> É uma paisagem em largura,
> de qualquer lado infinita.
> É uma mesa sem nada
> e horizontes de marinha
>
> posta na sala deserta
> de uma ampla casa vazia,
> casa aberta e sem predes
> rasa aos espaços do dia. (247-48)

Uma casa sem paredes é um objeto de certa forma aleijado, incompleto. A estrofe seguinte amplia o conceito de deformação: "casa sem pé-direito"; "mesa sem serventia". O poema vai construindo cuidadosamente uma imagem hiperbólica e cumulativa de vastidão e vazio. A preposição "sem", repetida várias vezes, revela a ausência inesperada de algum elemento ou função.

A metáfora Castela — mesa, após uma breve recapitulação, é substituída por outra:

---

4. Hugh Kenner, **A Homenade World: The American Modernist Writers** (New York: William Morrow and Company, Inc., 1975), p. 93.

> E quando não é a mesa
> sem toalha e sem terrina,
> a paisagem de Castela
> num grande palco se amplia (248)

A progressão desta segunda metáfora é semelhante à da primeira, pois o conceito de deformação causado pela ausência continua a desempenhar um papel cumulativo:

> no palco raso, sem fundo,
> só horizonte...
> ....
> palco raso e sem fundo
> palco que só fosse chão (248)

As nuvens que freqüentam este palco estendem o conceito de vazio, devido à sua falta de substância palpável: "teatro / para a ópera que as nuvens / dão ali em espetáculo".

A terceira das analogias principais é proposta como as outras, de maneira explícita, pela voz que vai construindo o poema:

> No mais não é Castela
> mesa nem palco, é o pão:
> a mesma crosta queimada,
> o mesmo pardo no chão. (248)

Aqui o poema abandona o conceito de vastidão, mas continua a desdobrar o de vazio e ausência. Os semas em comum que justificam a conjunçao inesperada Castela-pão se explicam nas três últimas quadras do poema:

> aquele mesmo equilíbrio
> de seco e úmido, do pão,
> terras de águas contadas
> onde é mais contado o grão;
>
> aquela maciez sofrida
> que se pode ver no pão
> e em tudo que o homem faz
> diretamente com a mão.
>
> E mais: por dentro, Castela
> tem aquela dimensão
> dos homens de pão escasso,
> sua calada condição. (248-49)

Assim, a metáfora Castela-pão fundamenta-se em fatores sucessivos, aparentemente desconexos (aparência

119

visual, composição material, e o sofrimento inerente ao pão e à paisagem). Da percepção visual o poema passa a referências ao tato — "equilíbrio de seco e úmido", "maciez sofrida" — que indicam uma maior aproximação entre a paisagem e quem a percebe, mas é por fim a inteligência que penetra no objeto para descobrir seu significado "por dentro".

Na última estrofe, Castela não se liga ao pão mas sim aos homens que não têm pão, em uma analogia surpreendente onde uma falta essencial é o fator comum que une homens e paisagens. Castela e seus habitantes se assemelham pela privação. A expressão "homens de pão escasso" retoma o conceito de deformação causada pela falta. A rima em -ão, repetida nos versos pares das cinco últimas quadras, serve como uma espécie de prolongamento e eco do "não" que o poema propõe como parte do significado básico de Castela. "Calada condição" retoma o conceito de silêncio, já antes sugerido pela ópera silenciosa das nuvens. Todas as analogias que ligam Castela a mesa, palco, e pão, definem a paisagem pelo que há nela de vazio, escassez, deformação e silêncio. Apesar do uso de objetos díspares, é no fundo a reiteração desses conceitos subjacentes que dirige a progressão temática do poema. O mesmo ocorre na coletânea *Paisagens com Figuras* tomada em seu conjunto, pois os poemas oferecem uma série de imagens concretas que exemplificam com persistência os mesmos conceitos negativos.

Paisagens com Figuras retoma sempre certos conceitos negativos: o vazio, o sem, o escasso, o nada, e considerações sobre a temática da morte. Estes conceitos surgem com tanta freqüência que é como se as paisagens fossem escolhidas para exemplificá-los. O apego ao negativo se reflete na linguagem descritiva onde Cabral utiliza quase sempre objetos concretos acompanhados de modificadores negativos e objetos incompletos ou destituídos de seus acessórios normais, como os que se encontram em "Imagens em Castela". O objeto diminuído ou deformado aparece em toda a coletânea, criando uma imagem visível, quase tangível de falta, de aridez, e de vazio. A palavra "não" ocorre em todos os poemas, com uma única exceção ("Campo de Terragona"). Como advérbio, o "não" é fundamental à retórica que visa diferenciar aquilo que é do que não é em

120

certo objeto ou proposição. Por outro lado, o "não", assim como outras palavras negativas (sem, nada, nenhum), designa uma paisagem composta de traços negativos. Paradoxalmente, porém, as palavras negativas exprimem também os únicos valores positivos que Cabral propõe.

Como em *O Cão sem Plumas* e *Morte e Vida Severina*, os "homens de pão escasso" se apegam à vida com tenacidade, e um heroísmo humilde e silencioso. Embora um tom satírico permeie às vezes a descrição da vida miserável do Nordeste ("É uma espécie bem estranha: / tem algo de aparência humana, / mas seu torpor de vegetal / é mais da história natural", 263), a força desses homens reside na sua teimosa resistência. Em "Medinaceli (Terra provável do autor anônimo do *Cantar de Mio Cid*)", a única energia positiva da cidade se dedica a resistir à destruição:

> pouca coisa lhe sobrou
> se não foi o poemão
> que o poeta daqui contou
> (talvez cantou, cantochão),
>
> que o poeta daqui escreveu
> com a dureza de mão
> com que hoje a gente daqui
> diz em silêncio seu *não* (247)

Outro tipo de aplicação positiva do negativo, onde o menos se torna um mais, aparece nos poemas que revelam uma estética. Mesmo neles, há vários tipos de "não". O elemento negativo pode ser a privação, vinda de fora, como no caso de Miguel Hernández em "Encontro com um poeta" (255). Seu sofrimento influencia a produção de uma poesia áspera, que se torna poderosa devido à violência que incorpora. O "não" pode também provir de uma auto-imposição, como em "Alguns toureiros". "Manolete, o mais asceta" demonstra aos poetas a sua arte, controlada por freios e recusas:

> como domar a explosão
> com mão serena e *contida*,
> *sem deixar* que se derrame
> a flor que traz escondida
>
> e como, então, trabalhá-la
> com mão certa, *pouca*, e extrema:
> *sem* poetizar seu poema (grifo nosso, 259)

121

"Diálogo" (264) examina também, por meio de outra metáfora, o canto andaluz, a influência positiva na criação artística de certos conceitos que dependem da negação: o vazio, o nada, o desprotegido e despido de ornatos. O poema assimila o canto andaluz a objetos pontiagudos (seta, alfinetes) e cortantes (espada, faca, lâmina), relacionando-os todos a recusas e negações. No diálogo entre A e B em que se organiza o poema, as duas vozes não se contradizem mas antes se completam sem desacordo. Os campos semânticos principais do poema, já conhecidos na obra de Cabral, — a agudeza cortante ou penetrante, o ato de queimar, a solidão, o vazio, e o nada — aqui se combinam para definir três componentes do ato artístico: o canto, o cantor, e o ouvinte.

O canto, "agudo como seta", metaforicamente se faz faca, numa formulação aforística e paradoxal:

> B. Mas quem atira essa seta
> de tão penetrante fio
> pensa que a faca melhor
> é a que recorta o vazio. (264)

O vazio aqui remete, talvez, ao despojamento que ao cortar excessos e adornos aumenta a força incisiva do que resta (e nos lembra também a impressão visual dos poemas de metro curto desta e das próximas coletâneas de Cabral: colunas finas de letras impressas inseridas no branco das páginas). O ouvinte sofre o efeito do canto-faca pois compartilha sua arriscada recusa a qualquer proteção:

> A. É um canto em que se sente
> o que uma espada no frio,
> desembainhada, sem mesmo
> ter ferrugem como abrigo. (264)

A execução do canto é uma espécie de exercício que não desgasta o impulso artístico mas antes aumenta a sua habilidade e seu apetite: "espada que não corta / e que somente se afia" (265).

A relação entre o cantor e o "timbre" do que canta — a fonte de sua própria arte — também se designa por um conceito negativo:

> B. Mas o timbre deste canto
> que acende na própria alma
> o cantor da Andaluzia
> procua-o no puro nada (265`

O "puro nada" se esclarece, a seguir, retomando a metáfora da tourada, como a necessidade de habilitar, ou "afiar" seus recursos artísticos:

> Como à procura do nada
> é a luta também vazia
> entre o toureiro e o touro,
> vazia embora precisa,
>
> em que se busca afiar
> em terrível parceria
> no fio agudo de facas
> o fio frágil da vida. (265)

A luta entre toureiro e touro, vazia talvez no sentido de gratuita, impulsionada não por uma necessidade imprescindível mas por um desafio à própria agilidade e coragem, põe em perigo no entanto a vida do toureiro. A tourada como metáfora ressalta o risco do fazer artístico, um dos princípios básicos da poética de João Cabral. O artista que parte do vazio depara o risco no ato de construção, na disciplina e coragem que o criar requer.

A lâmina como metáfora fundamental para a disciplina espiritual e para a técnica exigida por um certo tipo de linguagem artística, acarreta, então, várias recusas e negações: a independência solitária (espada "que deserta se incendeia"), o autocontrole ("espada que não corta / e que somente se afia"), a exclusão que favorece a busca de um objetivo único (aguda, penetrante, reta), e a elaboração formal que parte "do puro nada". A última seção do poema sugere que esta disciplina produz uma "agudeza desperta", disponível, que não se consume na criação e pode servir a outros fins.

> Até o dia em que essa lâmina
> essa agudeza desperta,
> ache, no avesso do nada
> o uso que as facas completa. (265)

Não há seção B após esta A, e a assimetria contribui para o tom de expectativa em que o poema se encerra. A última seção não faz referência ao canto andaluz, deixando o comparado da metáfora inicial para perseguir as implicações do comparante. Vários elementos de "Diálogo" fazem dele precursor de *Uma Faca só*

Lâmina[5]: a faca e suas variantes dominam a imagística, ocorrem com freqüência formulações aforísticas e paradoxais, e, nestas quadras finais, o comparante parece desligar-se do comparado inicial, procedimento paralelo ao que se desenvolve no poema mais longo, onde comparantes variados e em permutação sugerem um comparado ausente.

Em *Paisagens*, há uma interseção curiosa entre alguns princípios poéticos que Cabral adota — a economia de recursos, a eliminação de excessos, a eloqüência a partir da austeridade — e a desnudez e pobreza de suas pasiagens. O valor do seco, do lúcido e do medido varia conforme estes termos se refiram à pobreza da paisagem geográfica e à miséria humana, ou à capacidade de resistência do homem e a princípios estéticos válidos. Os valores antitéticos dos mesmos termos são uma fonte de paradoxos na poesia de Cabral. "Duas paisagens" faz alusão à coincidência entre os traços de uma paisagem infeliz e atributos mentais atraentes. Pernambuco "é um estado masculino / e de ossos à mostra, duro":

> Lúcido não por cultura
> medido, mas não por ciência:
> sua lucidez vem da fome
> e a medida, da carência (269)

De uma maneira deliberada, aparecem justapostos, comparados, e contrastados em *Paisagens* muitos dos recursos e temas já conhecidos na obra anterior de Cabral. Revemos aqui a técnica do poema que parece derivar sua forma daquilo que narra, representando mimeticamente um objeto ou uma poética, e a dupla avaliação do tema da pobreza do meio e das pessoas, ora apresentado como descrição satírica de condições grotescas causadas pela miséria, ora motivo de elogio ao que resiste a privação. A defesa de uma poética econômica, sólida, e aguda, começa em *Os Três Mal-Amados*. O que há de novo em *Paisagens* é o início de um processo que marcará a obra posterior de Cabral; a exposição sistemática das relações antes implícitas ou ocultas, entre elementos que haviam sido examinados em separado. Já foi visto, por exemplo, que a pedra da "Pequena ode" *(O Engenheiro)* reaparece na "paisagem

---

5. Observação de Benedito Nunes, **João Cabral de Melo Neto**, p. 96.

124

reduzida à sua pedra" (*O Rio*, 279). A mesma constância de referentes liga o deserto de Anfion às terras secas do sertão. Mas é somente nesta coletânea que os símbolos da poética de Cabral e as paisagens às quais ele sempre retorna revelam suas inter-relações paradoxais.

Vários poemas em *Paisagens* retiram implicações morais, estéticas e sociais de uma imagem central, que funciona como símbolo. Apesar da variedade de superfície — paisagens e artistas da Espanha e do Nordeste justapostos em comparações e contrastes — os objetos que se reúnem nestes poemas em muitos casos revelam-se avatares dos mesmos símbolos básicos — deserto, pedra, faca — que por sua vez manifestam temas recorrentes — o vazio, o sem, o medido, o frugal. Dá-se assim um jogo curioso de variedade na aparência e repetição subjacente. O exame dos mesmos objetos simbólicos, em suas variações e possibilidades de significado, confere a *Paisagens* uma dimensão intelectual, abstrata, que antecipa o realce do formal nas construções em quatro partes, seriais e duplas de *Quaderna, Serial, Dois Parlamentos* e *A Educação pela Pedra*. O emprego abstrato a que Cabral destina suas configurçãoes de objetos concretos é traço característico de sua obra, assinalado por Benedito Nunes como "tessitura de abstração e concretude"[6]. *Paisagens com Figuras,* com seus objetos simbólicos e multidimensionais e temas que aproximam a Espanha e o Nordeste, com seu tom que o próprio Cabral denomina "veemência incisiva"[7], com suas construções que partindo de objetos concretos visam o abstrato e destacam o formal, inaugura aspectos fundamentais da poesia de João Cabral.

Uma Faca só Lâmina

Este poema mais uma vez afirma a importância e utilidade de conceitos fundados em algum tipo de negação. O vazio psicológico causado por uma idéia fixa — a presença obsessiva do que por definição está ausente — torna-se uma força construtiva e agressiva. Além disso, o poema inclui, na apresentação de suas imagens, os vazios e as ausências de que fala. *Uma Faca só Lâmina* se compõe de onze seções, cada qual

---

6. **Ibid.**, p. 91.
7. Carta a Murilo Mendes (22 de janeiro de 1969), publicada em Lais Corrêa de Araújo, **Murilo Mendes** (Petrópolis: Vozes, 1972), p. 193.

com oito quadras: uma seção de introdução, outra de conclusão e nove seções intermediárias, rotuladas de A a I. Este é o primeiro poema longo onde se mantém uma simetria nas estrofes e uma relativa regularidade métrica, geralmente versos de seis sílabas e rimas toantes nos versos pares. Mas esta regularidade formal realça, pelo contraste, o desequilíbrio da imagística baseada em metáforas e símiles incompletos. O "assim como" que abre o poema introduz o procedimento principal: a definição repetida, persistente, mas fugidia do comparado de uma analogia incompleta que só pode ser revelada parcialmente através de diferentes comparantes.

O aspecto mais surpreendente deste poema rico e complexo, que combina de modo novo muitas das imagens e preocupações da obra anterior de Cabral, talvez seja a apresentação em forma de enigma. Trata-se de uma definição que utiliza uma predicação com o verbo "ser" para descrever, em termos paradoxais ou inesperados, a atividade de um objeto ou conceito escondido, lembrando a adivinhação (que geralmente começa com: "o que é, o que é?"). Assim, o enigma é uma definição que evita a definição para melhor definir, por meio de uma formulação que capta um aspecto imprevisto de um objeto ou conceito. A surpresa do ouvinte estimula a sua receptividade. Neste poema, a forma de adivinhação é logo sugerida pelo título: "uma faca só lâmina" não é, afinal, um objeto útil, e as perguntas como "Por que?" e "O que isso significa?" se tornam necessárias.

A seção introdutória apresenta "faca", junto com "bala" e "relógio", como componentes de símiles incompletos.

> Assim como uma bala
> enterrada no corpo
>
> . . . .
> igual ao de um relógio
> submerso em algum corpo
> . . . .
> assim como uma faca
> que sem bolso ou bainha,
>
> se transformasse em parte
> de vossa anatomia.

Os termos complementares — que coisa ou coisas se assemelham a bala, relógio e faca? — permanecem

126

ocultos. Os objetos metafóricos "bala", "relógio" e "faca" se desdobram de forma metódica, semelhante à de "cão", "espada" e "fruta" de *O Cão sem Plumas;* aqui, porém, a elaboração desses termos governa todo o poema. Embora sua articulação seja clara e se apresente numa linguagem rica em discriminações e progressões lógicas ("Então se for", "Há casos em que", "Pois"), seu significado simbólico permanece indefinido e polivalente. O subtítulo entre parênteses introduzido na *Antologia Poética* de 1967 — ou: *serventia das idéias fixas* —, oferece uma orientação quanto à natureza do comparado que o poema esconde. A organização do poema, também evasiva, não deixa claro o princípio que determina a seqüência das nove partes, que se conservam quase autônomas apesar dos sempre retomados objetos metafóricos. O poema mais de uma vez identifica estes comparantes como incompletos, arbitrários e insuficientes, mas servindo-se deles examina a origem, o comportamento e o efeito do comparado semi-oculto. O leitor sente-se convidado a participar num jogo complexo e divertido, que tem por fim descobrir o lado encoberto das analogias. *Uma Faca só Lâmina* não contém uma seqüência narrativa contínua, e este processo de revelação e encobrimento, que desafia o leitor a interpretá-lo, é como se fosse o enredo do poema.

Proposições semelhantes a adivinhações reaparecem em todo o poema. No paradoxo fundamental de uma ausência agressiva (seção Λ), a "ausência" serve de denominador comum para "bala", "relógio" e "faca":

> Seja bala, relógio,
> ou lâmina colérica,
> é contudo uma ausência
> o que este homem leva. (188)

A natureza contraditória dessa ausência presente se intensifica à medida que se examina cada símbolo individual:

> Mas o que não está
> nele está como bala
>
> Isso que não está
> nele é como um relógio

> Isso que não está
> nele é como a ciosa
> presença de uma faca. (188)

Na seção B, que descreve "a vida de tal faca", vários versos seguem o esquema de adivinhação, relatando a atividade de um conceito escondido:

> [tal faca]
> medra não do que come
> porém do que jejua. (189)
> ....
> a lâmina despida
> que cresce ao se gastar,
> que quanto menos dorme
> quanto menos sono há,
>
> cujo muito cortar
> lhe aumenta mais o corte (190)

Assim, esta faca singular se diferencia cada vez mais da faca comum. Podemos observar também o uso de termos negativos que, como em "Diálogo", servem para acentuar o poder da faca, que aumenta com o jejum e a vigília. Os cortes repetidos afiam sua lâmina, " [d]o nada ela destila / a azia e o vinagre / e mais estratagemas / privativos dos sabres" (189). Com estes paradoxos sinuosos chega-se novamente ao efeito positivo do autocontrole, do vazio interior, e da eliminação que favorece a busca de um objetivo único. "Que a vida dessa faca / se mede pelo avesso": a investigação do que se esconde sob a superfície, por meio de formulações enigmáticas, revela a faca e o que ela simboliza.

O comparado oculto manifesta-se, ao correr do poema, por meio de uma camada dupla de imagens concretas, pois bala, relógio e faca funcionam também como comparados em outros símiles e metáforas.

> bala que possuísse
> um coração ativo. (187)
> ....
> qual uma faca íntima
> ou faca de uso interno,
> habitando num corpo
> como o próprio esqueleto. (187)
> ....
> ...como um relógio
> pulsando em sua gaiola. (188)

As imagens principais são objetos inanimados apenas fora do contexto do poema, pois dentro dele têm força ativa e uma energia que se assemelha à de um corpo vivo ou uma máquina em funcionamento. Os três objetos sofrem várias mudanças no decorrer do poema: são despojados de seus atributos normais, como a faca só lâmina, e recebem outros, hipotéticos, geralmente enunciados em orações relativas no subjuntivo: "bala que tivesse / um vivo mecanismo", "relógio que tivesse / o gume de uma faca" (187). Como pode ser observado neste último exemplo, há na imagística uma espécie de contágio, em que um dos objetos principais adquire traços de outro. Além das variantes dos três objetos ("lâmina", "faca de Pasmado", "faca mansa de mesa, feroz pernambucana", "punhal", por exemplo), outros objetos entram no poema para estender os símbolos centrais. O poema explora repetidamente certos campos semânticos a fim de retirar imagens secundárias para bala, relógio e faca. Talvez o mais usado seja a vitalidade animal (geralmente de animais selvagens e insetos), mas também destacam-se a atividade mecânica, o fogo, a luminosidade, a agressividade, a revolta, a agudeza, a secura, a vigília e a solidão. Embora cada campo semântico ocorra várias vezes, nenhum deles se mantém por muito tempo. Ao contrário, dão-se mudanças rápidas e misturas de efeito cômico, como na estrofe que abre a seção D, onde a faca e o relógio colocam-se sucessivamente em analogias implícitas com a luz, o mar, uma criatura que dorme, um inseto e uma substância ácida.

> Pois essa faca às vezes
> por si mesma se apaga.
> É a isso que se chama
> maré-baixa da faca.
>
> Talvez que não se apague
> e somente adormeça.
> Se a imagem é relógio,
> a sua abelha cessa.
>
> Mas quer durma ou se apague
> ao calar tal motor,
> a alma inteira se torna
> de um alcalino teor. (191)

Para descrever as insuficiências possíveis ou temporárias dos três objetos, o poema recorre à maciez, à umidade, à falta de agressividade ou de corte, que representam valores negativos. A seção D descreve o enfraquecimento espontâneo de cada objeto. Os verbos aqui — apagar, adormecer, cessar — contrastam-se com aqueles que definem os objetos em suas potencialidades máximas. Além disso os próprios objetos perdem seus traços característicos:

> tudo segue o processo
> de lâmina que cega:
> faz-se faca, relógio
> ou bala de madeira,
>
> bala de couro ou pano,
> ou relógio de breu,
> faz-se faca sem vértebras,
> faca de argila ou mel. (192)

Na seção E, as circunstâncias favoráveis à faca remetem àquelas valorizadas na "Fábula de Anfion": o isolamento e a secura.

> Forçoso é conservar
> a faca bem oculta
> pois na umidade pouco
> seu relâmpago dura. (192)

O meio ambiente propício é "algum páramo / ou agreste de ar aberto", "aos ácidos do sol / seja, ao sol do Nordeste". As condições desfavoráveis também lembram as que se aliaram ao fracasso de Anfion (o ar "que pássaros habitem", a noite de "mãos férteis") e associam-se ao contato humano, às confissões e à emoção.

Cada uma das doze seções do poema definem as características, o funcionamento e o efeito dos três objetos. A seção introdutória mostra a bala, o relógio e a faca como instrumentos de morte: dois deles são armas manifestas e o terceiro marca o passar do tempo, percurso também mortal:

> Assim como uma bala
> enterrada no corpo,
> fazendo mais espesso
> um dos lados do morto
>
> . . . .
> igual ao de um relógio
> submerso em algum corpo
>
> . . . .
> qual uma faca íntima
> ou faca de uso interno
> habitando num corpo
> como o próprio esqueleto. (187)

130

Em vez de trazer a morte ao corpo passivo que os aloja, os três objetos transmitem a seus portadores uma vitalidade agressiva. Estes objetos podem degenerar-se de modo espontâneo, mas seu vigor reaparece da mesma maneira. A seção E ensina como preservar sua atividade, e a seção F ressalta que não é possível livrar-se destes objetos nem pela força de vontade, nem pela ajuda de outra pessoa. A seção G, por sua vez, descreve o efeito positivo do objeto no homem que o carrega, adquirindo este uma consciência e um impulso especial:

> Essa bala que um homem
> leva às vezes na carne
> faz menos rarefeito
> todo aquele que a guarde. (195)

A seção H mostra o efeito destes objetos básicos sobre um certo tipo de escritor (dimensão importante à qual voltaremos mais adiante). A seção I continua a discutir a influência da faca, que afeta a percepção humana, transformando os objetos ao redor. Dá-se novamente uma espécie de contágio: a faca lúcida, que desperta o homem, revela que o meio ambiente também possui lâmina cortante. O final dessa parte recapitula toda a trajetória da faca:

> Pois entre tantas coisas
> que também já não dormem,
> o homem a quem a faca
> corta e empresta seu corte,
>
> sofrendo aquela lâmina
> e seu jato, tão frio,
> passa, lúcido e insone,
> vai fio contra fios. (198)

Na evolução do poema, a vítima faz-se agressor através da incorporação e da transferência do ímpeto dos objetos que a atacam. A "idéia fixa", a "ausência", a "ferida", ou o "furor" — todos apontados como equivalentes do comparado ausente — formam um ponto estável, produtor de energia, que abre o ser humano, exigindo-lhe que se comprometa com o mundo exterior.

Hugo Friedrich, em seu livro *The Structure of Modern Poetry*, lembra que a sede e a fome são "palavras que os místicos e Dante usavam para designar um anseio sagrado"[8]. Na obra de Cabral, estas e outras palavras correlatas ("sede", "fome", "boca", "dente") indicam, primeiramente, o sofrimento de quem é vítima da força voraz e, depois, quando o ímpeto se volta para fora, uma avidez desejosa de contato com o sólido, o concreto, símbolos de tudo quanto se encontra fora do *eu*. Esta absorção das qualidades dos instrumentos da dor, já aparece em "Anfion", e ganha uma dimensão social nos três poemas do Capibaribe. Em *Uma Faca só Lâmina*, o aspecto psicológico assume o primeiro plano, embora a voz narradora faça uma afirmação mais geral do que pessoal acerca dos efeitos e usos da tensão psíquica. Os valores éticos e estéticos propostos no poema, cujas origens se ligam a certa condição psicológica — "essa ausência tão ávida" — continuam a ter um papel central na obra de Cabral.

No decorrer de *Uma Faca só Lâmina*, ressalta-se o que há de arbitrário nos três comparantes ("faca ou qualquer metáfora / pode ser cultivada", 189), permutáveis entre si ("seja bala, relógio / ou lâmina colérica", 188). Entretanto estes três objetos apresentam-se em detalhe, com vagar e invenção. Apesar de anunciar a inadequação de todos os símbolos, a voz narradora examina cada imagem com uma divertida preocupação literal e com a confiança de que seu poder expressivo, apesar de limitado, é eficaz. Numa análise diferenciadora, os objetos principais são apresentados de forma hierárquica na seção A, onde faca é considerada o melhor símbolo:

> Por isso é que o melhor
> dos símbolos usados
> é a lâmina cruel
> (melhor se de Pasmado)
> ....
> nenhum melhor indica
> aquela ausência sôfrega
> que a imagem de uma faca
> reduzida à sua boca. (188-89)

A primazia da faca mantém-se em todo o poema e algumas seções referem-se a relógio e bala apenas de passagem, como possíveis substitutos.

No final do poema, a análise auto-reflexiva do processo de construir o poema, já antes evidenciada no comentário sobre a adequação das imagens principais,

---

8. **The Structure of Modern Poetry, op. cit.**, p. 50.

132

passa ao primeiro plano. A voz narradora reexamina cada termo na ordem contrária daquela seguida na apresentação inicial. Bala-relógio-faca aparecem agora na ordem faca-relógio-bala: "De volta dessa faca... se sobe à outra imagem / aquela de um relógio / picando sob a carne / e dela àquela outra, / a primeira, a da bala..." (198-99). Por fim, o poema declara a inadequação de todas as imagens:

> e daí à lembrança
> que vestiu tais imagens
> que é muito mais intensa
> do que pôde a linguagem,
>
> e afinal à presença
> da realidade, prima,
> que gerou a lembrança
> e ainda a gera, ainda,
>
> por fim à realidade,
> prima, e tão violenta
> que ao tentar apreendê-la
> toda imagem rebenta. (199)

Todas as imagens servem, mas nenhuma satisfaz inteiramente. Dependendo da imagem que o autor maneje, ele poderá se lançar em direções diferentes, todas úteis, mas nenhuma suficiente, no seu propósito de definir o comparado fugidio. A "lâmina" representa principalmente sua voracidade,

> [a] imagem em que mais
> me detive, a da lâmina,
> porque é de todas elas
> certamente a mais ávida. (198)

enquanto "um relógio picando sob a carne" indica a invasão contínua de uma pulsação de motor ou de máquina, e "bala", por sua vez, determina a penetração cega, a mordida pesada e irremovível: "bala / que tem o dente grosso / porém forte a dentada". Como o poema faz voltar a atenção ao comportamento e efeito dos três objetos, e não ao seu significado, estes objetos adquirem um crescente poder de sugestão. São símbolos ricos em possibilidades semânticas e para a sua interpretação poder-se-ia fazer valer certos princípios da psicanálise.

São interessantes as implicações destes símbolos agressivos quando aplicados à poética que Cabral discute na seção E e exibe em funcionamento ao correr do poema. *Uma Faca só Lâmina* põe em relevo a violência que atinge os componentes principais do discurso poético. Quando o poeta é "homem a quem a faca / corta e empresta seu corte" (198), para quem "em cada coisa o lado / que corta se revela" (197), ele incute em suas palavras um impulso agressivo:

> o que em todas as facas
> é a melhor qualidade:
> a agudeza feroz,
> certa eletricidade,
>
> Mais a violência limpa
> que elas têm, tão exatas,
> o gosto do deserto,
> o estilo das facas. (197)

A "violência limpa" que se dirige ao leitor, em vez de feri-lo aguça a sua maneira de ver e de sentir. João Cabral, que tantas vezes, e com razão, é considerado poeta construtivista, mostra com este poema o quanto a sua poética, por mais intelectuais e abstratas que sejam as composições que dela resultem, depende da agressão. Este impulso fundamental paradoxalmente sustenta o edifício de sua poesia, onde a violência constrói em vez de destruir.

Na conclusão do poema, o comparado não se revela claramente, nem faz falta tal revelação. Ao contrário, esta lacuna torna-se essencial ao significado do poema. As últimas estrofes formam outro rodeio semelhante a uma adivinhação: a descrição da intensidade daquela força ausente, e do seu efeito destruidor sobre qualquer imagem que tente fixar seu significado. O caráter fugidio do comparado fornece um equivalente formal para o tema do poema, o poder de um certo tipo de objeto ausente. A obsessão, a "idéia fixa", sugerida através de um comparado que se furta, só pode ser atingida por meio de aproximações. Assim como a presença ausente de uma obsessão, as lacunas na linguagem figurada têm uma eficácia paradoxal.

Pode-se também interpretar o poema como uma alegoria do processo poético de "procurar a imagem", e do fato de nunca se encontrar uma correspondência perfeita: o comparante só pode aproximar-se do comparado, os poemas só podem criar uma motivação ilusória que faz com que as palavras pareçam adequadas para "a realidade prima e tão violenta". Mas esta in-

134

suficiência não é trágica; as defasagens entre a palavra e o objeto, o comparante e o comparado, os poemas e "a lembrança" e "a realidade" são, na verdade, os recursos que favorecem a inventiva poética e a força criadora da palavra: os poemas ocupam o lugar dos objetos e da "realidade" na ordem especial da literatura[9].

Uma Faca só Lâmina é um texto-chave na obra de João Cabral, não só porque define e exibe em funcionamento uma poética — "o estilo das facas" — de importância central na sua poesia, mas também por sua dimensão de alegoria das defasagens que caracterizam e dão vigor à linguagem poética. A energia dos símiles, o tom lúdico, a forma de adivinhação, o caráter sugestivo da "ausência", evidenciam o prazer inerente ao ato de construir, que para Cabral é um prazer arriscado e sempre comprometido com a violência e a destruição.

---

9. Benedito Nunes, interpretando as estrofes finais do poema, ressalta esse paradoxo da linguagem, que a poesia aviva e que nela se extrema: "Devido à natureza simbólica da linguagem e ao horizonte perceptivo que a circunscreve, ambos assumidos pela poética de João Cabral, a caça às imagens, sempre deceptiva, mas sempre exigida pelo caráter multissimbolizável da realidade, é como a caça ao **Snark**. Quanto mais se amplia a rede verbal de que é feito, e com que se tenta caçá-lo mais ele escapa através de suas malhas". (**João Cabral de Melo Neto**, p. 104).

6. "OS DEZ MIL DEDOS DA LINGUAGEM":
QUADERNA, DOIS PARLAMENTOS,
E SERIAL.

Quaderna (1960), *Dois Parlamentos* (1961) e *Scriul* (1961) podem ser estudados em seu conjunto. Se bem que haja diferenças importantes de relevo e tom nestas coletâneas, muitas inovações, assim como técnicas e temas retomados de livros anteriores, aparecem · nas três. As três foram, de fato, publicadas juntas sob o título *Terceira Feira* (1961), onde *Serial* saiu por primeira vez. Observam-se duas tendências bem definidas na linguagem poética de *Terceira Feira*: o uso extensivo do construtivismo e a referência insistente à percepção sensorial.

A voz narradora continua a mostrar-se ocupada com o processo da composição. Agora, como a maior parte dos poemas são mais longos e compostos de várias seções, a construção global e o inter-relacionamento das partes colocam-se em primeiro plano. Os poemas destacam o momento da composição mais que o momento da percepção, se bem que o olhar, o ouvido, o olfato, o tato, e até o paladar, muitas vezes oferecam dados básicos que de maneira sistemática serão armados em poema. A análise da imagística, a justificativa racional de seu desenvolvimento, e a procura da analogia mais exata, continuam a pôr em relevo o poema como construção verbal. Em "Estudos para uma bailadora andaluza" (*Quaderna*), o processo de "procurar a imagem" fundamenta a articulação do poema. A escolha e os ajustes de cada símile se explicam de maneira lógica:

> Dir-se-ia, quando aparece
> dançando por *siguiriyas*
> que com a imagem do fogo
> inteira se identifica.
> ....
> Porém a imagem do fogo
> é num ponto desmentida...
> ....
> é impossível dizer
> se é cavaleira ou a égua...
> ....
> ...é impossível traçar
> nenhuma linha fronteira
> entre ela e a montaria:
> ela é a égua e a cavaleira
> ....
> Mas o que faz duvidar
> possa ser telegrafia
> ....
> já não cabe duvidar
> deve ser telegrafia... (127-30)

A operação "procurar a imagem" tem também seu aspecto lúdico. A elaboração das analogias, oferecidas como possibilidades hipotéticas[1] e depois descartadas em favor de outras mais "apropriadas", inclui hábeis rodeios que mantêm o discurso poético um passo à frente do leitor, pois a voz narrativa ultrapassa as restrições que ela própria se impõe. A analogia *bailadora--fogo*, por exemplo, na abertura de "Estudos", logo se ramifica em metáforas que remetem à vitalidade animal e vegetal:

---

1. Benedito Nunes observa acerca da imagística deste poema: "a identidade categorial entre dois termos é postulada apenas como hipótese descritiva...", **op. cit.**, p. 117.

138

Todos os gestos do fogo
que então possui dir-se-ia:
gestos das folhas do fogo,
de seu cabelo, sua língua;

gestos do corpo do fogo, -
de sua carne em agonia,
carne de fogo, só nervos,
carne toda em carne viva. (127)

O desejo de encontrar uma imagem adequada para o objeto torna-se uma forma de exibir a invenção lingüística, cuja atividade não se deixa conter por nenhum plano preestabelecido.

Diversos poemas referem-se à folha impressa como o lugar onde os objetos e ações criados pelo texto existem, e, como conseqüência, ressaltam o poema enquanto artefato verbal. O título "Estudos para uma bailadora andaluza", além de simples dedicatória, sugere também que o poema, como os croquis de um artista, "constroem" uma bailadora. "Festa na Casa-Grande" (*Dois Parlamentos*) começa propondo um cassaco verbal:

— O cassaco de engenho.
O cassaco de usina:
O cassaco é um só
com diferente rima. (112)

"Paisagem pelo telefone" (*Quaderna*) ressalta a defasagem entre os objetos e acontecimentos tratados no poema, e o espaço e o tempo dos textos. O sol, um dos termos de um símile, existe na página impressa:

sim, como o sol sobre a cal
seis estrofes mais acima,
a água clara não te acende:
libera a luz que já tinhas. (136)

Os três títulos das coletâneas se referem a uma disposição de formas: grupos de objetos em *Quaderna* e *Serial*, e de pessoas em *Dois Parlamentos*. A palavra "quaderna" designa a face do dado que tem quatro pontos e em heráldica significa um objeto composto de quatro partes formando um quadrado. Devido ao interesse de Cabral pela Espanha e por Berceo, "quaderna" também lembra a "cuaderna via", mas deste tipo de de versificação só a quadra se emprega, e não a rima única nem a métrica rígida. Em *Terceira Feira*, que Cabral pensou intitular "Poesia Partida em Quatro"[2], a quadra é o tipo básico de estrofe, com exceção de um só poema ("Jogos frutais"). A métrica varia, porém; como Freixeiro mostra em sua análise da versificação de *Quaderna, Dois Parlamentos* e *Serial*, predominam versos de 6, 7 e 8 sílabas[3]. O que há de fixo na construção dos poemas é, portanto, a quadra. Em *Dois Parlamentos*, no entanto, esta estrutura aparece disfarçada. "Congresso no Polígono das Secas" contém 16 estrofes de 16 versos cada uma. Cada estrofe é dividida por travessões que separam segmentos de dois ou quatro versos, mas a rima toante muda a cada quatro versos, confirmando assim a presença de quadras dissimuladas. O outro poema de *Dois Parlamentos*, "Festa na Casa-Grande", contém 20 seções de 16 versos, e a rima também revela quadras encobertas. Como acontece com ambos os poemas de *Dois Parlamentos*, a maior parte dos poemas de *Quaderna* tem um número total de estrofes múltiplos de 4. A constância quase obsessiva da construção em 4 chega ao máximo em *Serial*, onde todos os poemas, compostos de quadras, contêm 4 partes e um número total de estrofes múltiplo de 4.

A persistência da quadra e da articulação de unidades semelhantes em estruturas maiores também homólogas manifesta-se, então, em todos os poemas de *Terceira Feira*. A importância concedida à construção, assim como o título *Serial*, revelam talvez a influência das séries da música dodecafônica e a disposição em série de formas geométricas na pintura construtivista dos anos 20. (Em mais de um poema, Cabral mostra sua admiração por Mondrian). Tanto a música serial quanto a pintura construtivista originam-se na construção racional, regida por certas restrições formais, e visam proporcionar um prazer intelectual. Numa atitude análoga à de Cabral, estes dois tipos de composição artística propõem alternativas às formas tradicionais: a música tonal e a pintura figurativa. A obra de Cabral também compartilha com a música serial e a pintura construtivista outras diretrizes formais: o jogo de repetições e a investigação das diferenças significativas baseadas na reiteração com variações mínimas. Há algo

---

2. Benedito Nunes, **João Cabral de Melo Neto**, p. 118.
3. **Da Razão à Emoção II**, pp. 38-40.

de paradoxal na atração exercida pela pintura abstrata sobre Cabral, ao mesmo tempo que sua poesia visa construir representações de objetos (bailadora, cabra, relógio, ovo de galinha). O jogo de relações abstratas atua em sentido contrário à representação de substâncias, objetos concretos e percepções sensoriais, na complexa "tessitura de abstração e concretude"[4] da poesia de Cabral. O relevo das relações formais manifesta a rejeição da mimese restritiva do figurativismo naturalista, e a busca de uma linguagem que constrói objetos "num estado de criação e de invenção", como Cabral diz a respeito de Miró[5].

O número quatro, além de sua função como princípio construtivo, tem um significado simbólico para Cabral, como mostra um poema curto de *Museu de Tudo* (1975):

O NÚMERO QUATRO

O número quatro feito coisa
ou a coisa pelo quatro quadrada,
seja espaço, quadrúpede, mesa,
está racional em suas patas;
está plantada, à margem e acima
de tudo o que tentar abalá-la,
imóvel ao vento, terremotos,
no mar maré ou no mar ressaca.
Só o tempo que ama o ímpar instável
pode contra essa coisa ao passá-la:
mas a roda, criatura do tempo,
é uma coisa em quatro, desgastada [6].

Por sua estabilidade, que os objetos em 4 partes demonstram, o número 4 se associa ao racional. Para Cabral, desde *O Engenheiro*, o racional se liga ao sólido, ao firme, e ao duradouro, enquanto que a instabilidade reside nas emoções e em outras forças, como o tempo, que trazem consigo a impermanência. O controle intelectual seguro que o número 4 sugere para Cabral, e que este poema mais recente começa a questionar, parece ser a implicação semântica das construções em 4 partes de *Terceira Feira*.

As freqüentes referências à percepção em *Terceira Feira* não indicam submissão a uma mimese restrita. Em "A palavra seda" (*Quaderna*), por exemplo, os sen-

4. Benedito Nunes, **João Cabral de Melo Neto,** p. 91.
5. **Joan Miró, op. cit.,** p. 37.
6. **Museu de Tudo,** p. 57.

tidos impulsionam a criação lingüística, modificando ou estendendo os significados das palavras. Neste poema Cabral continua o estudo analítico da relação entre linguagem e referente, já empreendido em *Uma Faca só Lâmina*. O ponto de partida é a distinção entre o objeto seda e o significado da palavra que a ela se refere, à qual o uso poético repetido agregou toda uma camada de associações convencionais. O poema propõe a analogia mulher ("tu")-seda, mas primeiro analisa a relação entre palavra e objeto para limpar a palavra das conotações banais:

> E como as coisas, palavras
> impossíveis de poema:
> exemplo, a palavra ouro,
> e até este poema, seda.
>
> É certo que tua pèssoa
> não faz dormir, mas desperta:
> nem é sedante, palavra
> derivada da de seda.
>
> E é certo que a superfície
> de tua pessoa externa,
> de tua pele e de tudo
> isso que em ti se tateia,
>
> nada tem da superfície
> luxuosa, falsa, acadêmica,
> de uma superfície quando
> se diz que ela é "como seda". (159)

O poeta convida o leitor a deixar de lado as associações comuns da palavra e a sentir o objeto de novo — sua elasticidade, sua textura sensual. A tentativa de reavivar a metáfora mulher-seda depende da representação sensorial do objeto, em sua substância têxtil e animal:

> há algo de muscular,
> de animal, carnal, pantera,
> de felino, da substância
> felina, ou sua maneira,
>
> de animal, de animalmente.
> de cru, de cruel, de crueza,
> que sob a palavra gasta
> persiste na coisa seda. (160)

No entanto, a verossimilhança desta descrição não se fundamenta exclusivamente nas características do objeto, pois remete também a frases feitas já existentes na linguagem: "seda crua" torna aceitável a caracterização de "cru, de cruel, de crueza"; do mesmo modo, a expressão "bicho-da-seda" ajuda a motivar as metáforas animais. Por um lado, então, a percepção renova a linguagem, mas por outro, a percepção depende da linguagem, tomando como ponto de partida metáforas ou grupos de palavras já estabelecidas anteriormente. Esta oscilação proveitosa entre linguagem e percepção, que funciona em benefício de ambas, amplia o sentido da palavra seda, descobrindo o novo nas possibilidades latentes de uma palavra tão desgastada que já não parecia poder figurar com originalidade na poesia. Por meio do poema a palavra seda se transforma, tornando-se digna de servir de metáfora à mulher, origem destas transformações por sua influência renovadora no ambiente a seu redor:

A atmosfera que te envolve
atinge tais atmosferas
que transforma muitas coisas
que te concernem, ou cercam. (159)

A transformação que a mulher traz a seu ambiente equivale a transformação que a poesia pode exercer na linguagem, por meio do exame de suas próprias palavras e procedimentos, e da atenção ao referente assistida pela percepção sensorial.

"A cana dos outros" (*Serial*) tàmbém destaca a lacuna entre o referente e o significado de uma palavra, entre o lavrador que planta a cana-de-açúcar, semeador em virtude de seu trabalho, e o "Semeador", com letra maiúscula:

Esse que andando *planta*
os rebolos de cana
nada é do Semeador
que se sonetizou.

É o seu menos um gesto
de amor que de comércio;
e a cana, como a joga,
não planta: joga fora. (51)

Outro poema vai mais longe ainda na tentativa de eliminar os significados convencionais de uma palavra, e reapreender o objeto de maneira nova. "O relógio"

(*Serial*) menciona apenas no título o nome do objeto central, evitando-o por completo no correr do poema. A voz narrativa descreve o relógio a partir da perspectiva de um observador ingênuo e curioso que, ignorando a palavra e suas associações comuns, descreve o mecanismo desconhecido com a ajuda de metáforas e símiles. Estes relacionam o relógio e seu ruído a vários objetos e ações: "jaula", "bicho", "gaiola", "pássaro", "operário que execute / seu martelo regular", "algum monjolo / ou antiga roda de água" (91-93), todos propostos apenas como hipóteses, exibindo assim a procura da expressão exata. Ao evitar as associações comuns da palavra, neste e noutros poemas semelhantes, Cabral se aproxima de um procedimento que ele discerne na pintura de Miró. O pintor e o poeta também compartilham a tentativa de renovar objetos e conceitos (relógio, tempo) de larga tradição artística:

> ...Miró tem pintado, somente, o que até hoje tem sido objeto de representação pela pintura. O que acontece é que ele apresenta esses objetos num estado de criação e de invenção que não conhecíamos. Aquela lua ou aquela estrela não são jamais luas metafísicas ou luas de sonho. São luas e estrelas pintadas absolutamente puras de outras representações de luas ou de estrelas [7].

A rejeição do "déjà vu", "déjà fait", que Cabral aponta em Miró ("Ela [a obra] me parece nascer da luta permanente, no trabalho do pintor, para limpar seu olho do visto e sua mão do automático")[8], também serve de impulso a poemas como "O relógio". Como em "A palavra seda", para ultrapassar as associações comuns da palavra e chegar a uma nova visão do referente, faz-se necessária a percepção sensorial, cuja atividade se transmite por uma série de analogias também inovadoras. Na última estrofe de "Fábula de Rafael Alberti" (*Museu de Tudo*) Cabral indica como a observação do referente pode renovar a poesia:

> Fez o ocaminho inverso:
> não foi da coisa ao sonho,
> ao nome, à sombra;
> foi do vapor de água
> à gota em que condensa;
> foi da palavra à coisa:

---

7. **Joan Miró**, p. 37.
8. **Ibid.**, p. 32.

árdua que seja,
ou demorada, a coisa;
seja áspera ou arisca,
em sua coisa, a coisa;
seja doída, pesada,
seja enfim coisa a coisa [9].

Este procedimento de apontar a lacuna entre o "nome" e a "coisa", entre o significado da palavra e o referente, torna-se outra maneira de motivar a linguagem da poesia, uma alternativa à técnica que Cabral continua a empregar com freqüência, de relacionar a linguagem e o objeto através da imitação. Ambos métodos de ligar palavra e coisa reconhecem a distância que as separa, mas enquanto um método tenta eliminá-la por meio de um texto que parece absorver as qualidades do objeto, o outro analisa a discrepância entre o significado da palavra e a coisa que ela designa, e propõe novos significados que mais se adaptam ao que visam descrever. O que ficava implícito na técnica de "fazer com que a palavra pese como a coisa que diga", torna-se discursivo e metalingüístico, tema, mesmo, da poesia. Os poemas que indicam a disparidade entre significado e referente chamam a atenção para os universos distintos das "palavras" e das "coisas". A linguagem poética, recorrendo tanto à palavra quanto à coisa, e examinando esta por meio de requintado jogo verbal, coloca-se como instrumento privilegiado para descobrir possibilidades latentes em ambos universos.

Francis Ponge, que como Cabral dedica-se à descrição e ao jogo lingüístico, assinala a conveniência de investigar ao mesmo tempo, ainda que separadamente, as palavras e as coisas: "En somme voici le point important: PARTI PRIS DES CHOSES égale COMPTE TENU DES MOTS"[10]. Para Ponge, "compte tenu des mots" se fundamenta no reconhecimento da distinção entre "le nom de l'objet" e "l'objet lui-même"[11]; sua visão de "l'épaisseur des mots" se assemelha à de Cabral e à que propuseram os poetas concretistas brasileiros dos anos 50:

Les mots sont un monde concret, aussi dense, aussi existant que le monde extérieur... [C]haque mot, c'est une colonne du dictionnaire, c'est une chose qui a une extension, même

---

9. **Museu de Tudo**, p. 90.
10. **Méthodes** (Paris: Editions Gallimard, 1961), p. 20.
11. **Ibid.**, p. 36.

145

dans l'espace, dans le dictionnaire, mais c'est aussi une chose qui a une histoire, qui a changé de sens, qui a une, deux, trois, quatre, cinc, six significations... Les mots c'est bizarrement concret, parce que, si vous pensez... en même temps ils ont, mettons, deux dimensions, pour l'oeil et pour l'oreille, et peut-être la troisième c'est quelque chose comme leur signification [12].

Segundo Ponge, a força independente da linguagem contribui ao trabalho do poeta: "A chaque instant du travail d'expression, au fur et à mesure de l'écriture, le langage réagit, propose ses solution propres, incite, suscite des idées, aide à la formation du poème"[13]. Tanto para Cabral como para Ponge, uma poesia das coisas, da observação extrovertida, depende do aproveitamento hábil do poder independente da linguagem: a exploração lingüística reaviva a percepção; a percepção amplia e renova os significados das palavras.

A linguagem que examina seus próprios recursos e procedimentos pode levar à percepção de aspectos e relações insuspeitadas no objeto. A linha fronteira entre invenção e percepção faz-se pouco nítida. Wallace Stevens define um tipo semelhante de imaginação, que a observação de objetos e sua transformação em linguagem deflagra:

Talvez haja um grau de percepção no qual o real e o imaginado sejam um só: um estado de observação clarividente, acessível ou possivelmente acessível ao poeta ou, digamos, ao poeta mais agudo [14].

No seu ensaio de 1952 "Poesia e Composição — A Inspiração e o Trabalho de Arte" Cabral emprega a percepção como metáfora para a criação poética ao falar de um certo tipo de poeta, a cuja família ele próprio pertence, que faz da composição um trabalho meticuloso:

...seu poema é raramente um corte num objeto ou aspecto particular de um objeto visto pela luz especial de um momento. Durante seu trabalho, o poeta vira seu objeto nos dedos, iluminando-o por todos os lados. E é ainda seu trabalho que lhe vai permitir desligar-se do objeto criado. Este será um organismo acabado, capaz de vida própria [15].

---

12. **Ibid.**, pp. 278-279.
13. **Ibid.**, p. 33.
14. Wallace Stevens, **Opus Posthumous** (New York: Knopf, 1957), p. 166.
15. "Poesia e Composição: A Inspiração e o Trabalho de Arte", **op. cit.**, p. 12.

Coincidindo com Ponge e com Stevens, Cabral indica a relação paradoxal entre a percepção e a criação. O poema como artefato verbal ilumina algo que já existe mas propõe-se também como objeto novo e auto-suficiente.

O recurso à percepção sensorial pode ser feito não somente pela referência aos sentidos mas também, indiretamente, pelo uso abundante das palavras concretas, técnica que Cabral vem desenvolvendo ao correr de toda a sua obra. Uma das vantagens das palavras concretas é sua qualidade sensorial, como Cabral explica no "Depoimento" de Freixieiro:

> A literatura espanhola reforçou-lhe o gosto, a preferência da palavra concreta sobre a palavra abstrata. Até hoje, julga mais poética, por ex., a palavra *caixa de fósforo*, a palavra *maçã*, do que a palavra *tristeza*, a palavra *angústia*. Se a poesia, julga o poeta, penetra na inteligência (é a linguagem da inteligência), através dos sentidos, deve-se dar preferência às palavras concretas, que evitam ambigüidade. *Tristeza*, por exemplo, compreende *melancolia, depressão, tristeza*, etc. Linguagem concreta é a linguagem da poesia racional... Há também formas de concretizar o abstrato, por exemplo em Drummond ou em Lorca: "están los viejos cuchillos / tiritando bajo el polvo" (a família não vinga, como deveria, o parente; então os cutelos não se envolvem em sangue, quente, mas tiritam sob o frio do pó — eis um modelo, bem espanhol, de linguagem concreta) [16].

Embora as palavras de referência concreta sejam mais suscetíveis de conotações ambíguas do que Cabral parece reconhecer (em "A palavra seda" ele aproveita a ambigüidade que resulta da discrepância entre referente e significado de uma palavra concreta) e a adequação exclusiva da linguagem concreta à poesia racional também seja discutível, o trecho acima demonstra como é partidário e planejado o seu uso de objetos e referências sensoriais. Toda poesia utiliza palavras concretas, e a imagística por definição se dirige aos sentidos; Cabral destaca-se como poeta que coloca o "fazer poesia com coisas" a nível de programa estético.

Os sentidos mais citados na poesia de Cabral são a visão e o tato, mas em alguns poemas todos os cinco figuram metodicamente ("O automobilista infundioso", "O alpendre no canavial"). Dá-se na poesia de Cabral uma sinestesia inquieta semelhante à que Jean Staro-

---

16. Fábio Freixieiro, **op. cit.**, pp. 186-87.

binski considera característica de toda percepção sensorial.

Le regard s'en tient difficilement à la pure constatation des apparences. Il est dans sa nature même de réclamer davantage. A la verité cette impatience habite tous les sens. Pardelà les synesthésies habituelles, chaque sens aspire à échanger ses pouvoirs. Goethe l'a dit dans une Elégie célèbre: Les mains veulent voir, les yeux souhaitent caresser. A quoi l'on peut ajouter: le regard veut devenir parole, il consent à perdre la faculté de percevoir immédiatement, pour acquérir le don de fixer plus durablement ce qui le fuit [17].

Na poesia de Cabral a visão e o tato com freqüência se convergem em sinestesia:

> ...de perto, ao olho perto
> sem intermediárias retinas
> de perto, quando o olho é tacto,
> ao olho imediato em cima (56)

Os sentidos trocam seus poderes e convertem-se em palavra; por outro lado, a linguagem poética quer fazer-se órgão de percepção. A poesia como um outro órgão sensorial, um sexto sentido atuando com acuidade crítica e realizando discriminações sutis, torna-se metáfora fundamental na poética de Cabral desta fase.

A influência recíproca entre criação e percepção figura em "O sim contra o sim" (*Serial*), que apresenta quatro pares de poetas e pintores a quem Cabral oferece sua admiração, seu "sim". A primeira parte do poema trata de Marianne Moore e Francis Ponge, dois poetas que como Cabral prezam o mundo dos objetos, a observação, e o jogo lingüístico. Estes poetas-cirurgiões empregam bisturis "em vez de lápis", e fazem da descrição verbal uma operação física fundada no tato, envolvendo coisas, mãos, e instrumentos cortantes:

> *Marianne Moore,* em vez de lápis,
> emprega quando escreve
> instrumento cortante:
> bisturi, simples canivete.
> ....
> *Francis Ponge,* outro cirurgião,
> adota uma outra técnica:
> gira-as nos dedos, gira
> ao redor das coisas que opera.
> ....

---

17. Jean Starobinski, **L'oeil vivant** (Paris: Gallimard, 1961), p. 12.

148

Apalpa-as com todos os dez
mil dedos da linguagem:
não tem bisturi reto
mas um que se ramificasse. (58-59)

Nesta nova formulação do "estilo das facas", a palavra
exata na poesia de Moore disseca o objeto para atingir-
lhe o lado que estava oculto:

Ela aprendeu que o lado claro
das coisas é o anverso
e por isso as disseca:
para ler textos mais corretos.

Com a mão direita ela as penetra,
com lápis bisturi,
e com eles compõe,
de volta, o verso cicatriz;

E porque é limpa a cicatriz,
econômica, reta,
mais que o cirurgião
se admira a lâmina que opera. (58)

A violência necessária para atingir o sentido claro do
objeto deixa vestígios no produto final, "o verso cicatriz", sinal talvez dos excessos que foram eliminados.
É curioso que aqui o verso não exiba "agudeza cortante", como em *Uma Faca só Lâmina,* mas sim a marca
de uma violência anterior. Talvez a violência da percepção artística se relacione para Cabral à autoviolência
da construção poética, sobre a qual ele uma vez obser-
vou: "Seu trabalho [do poeta partidário do texto cuidadosamente elaborado] é assim uma violência dolorosa
contra si mesmo, em que ele se corta mais do que se
acrescenta, em nome ele não sabe muito bem de que"[18].
Nas estrofes sobre Ponge, a metáfora do corte
(cirurgião, bisturi) por fim mostra-se inadequada, pois
Ponge realiza uma penetração de outro tipo, destituída
de agressão. Com o tato, ele apalpa a coisa, revolve-a
e dá voltas em seu redor. "Não tem bisturi reto / mas
um que se ramificasse":

Com ele envolve tanto a coisa
que quase a enovela
e quase, a enovelando,
se perde, enovelado nela.

---

18. "Poesia e Composição — A Inspiração e o Trabalho de Arte"
p. 13.

> E no instante em que até parece
> que já não a penetra,
> ele entra sem cortar:
> saltou por descuidada fresta. (59)

O toque envolvente de Ponge beira a confusão: o ato de enovelar afeta tanto a coisa como o poeta, que faz-se pequeno em relação a ela. Ponge, sem o controle e a distância de Moore, mostra uma maior aproximação pessoal. Ele penetra o objeto sem cortes, por meio de artifícios baseados na percepção cuidadosa e na invenção lingüística: "Com todos os dez / mil dedos da linguagem".

Moore, poeta do olhar, acumula em suas frases, como o faz também Cabral, referências múltiplas a objetos concretos, e cultiva a arte da expressão exata. Seus versos, o mais das vezes complexos e sinuosos, compostos de retórica discursiva e imagens nítidas, exibem citações das fontes mais diversas, de jornais a obras eruditas e manuais de zoologia e botânica. Na lógica excêntrica e por vezes obscura de sua poesia, a clareza não parece ser uma característica tão marcante quanto Cabral afirma. Ponge, freqüentemente prolixo, descontraído, cerca o objeto de vários ângulos, tendendo à abrangência e ao humor fácil. Em *Terceira Feira* Cabral parece afastar-se da impessoalidade cortante que ele atribui a Moore, cujo toque é mediado pela faca, para aproximar-se do envolvimento tátil mais brando e abrangente de Ponge.

II

Todos os poemas de *Terceira Feira* têm por tema a descrição de alguma coisa que se encontra no exterior — objeto, paisagem, pessoa, animal, ou mesmo atividades ou formas de arte. A voz narradora emprega como auto-referência quase sempre um sujeito impessoal (*se, quem, ele*) ou plural (*nós*). O *eu* aparece poucas vezes e só em *Quaderna*. O *tu* dos poemas eróticos dessa coletânea raramente tem como contraparte o *eu* de quem fala. O mais das vezes seu complemento é um sujeito impessoal. Esta elisão do *eu* contribui para a intensidade da atenção concentrada no exterior, que só se refere à interioridade de quem observa, sente, ou

150

ama, de forma indireta. Com o fim de examinar esta poesia voltada para fora, e a função que nela desempenham as palavras de referência concreta, é possível propor quatro categorias, que visam distinguir certos procedimentos fundamentais manifestados claramente em alguns poemas e em outros de maneira menos evidente. As categorias não são, portanto, mutuamente exclusivas: todos os poemas se encaixam em uma delas mas alguns poderiam pertencer a mais de uma.

A primeira categoria consiste em poemas como *"A palo seco"* e "Poema(s) da cabra", que abstraem a natureza de um objeto ou tema para usá-la como paradigma que contém lições de ética ou estética. Os poemas que se reúnem sob a segunda categoria, como por exemplo "Estudos para uma bailadora andaluza", "O ovo da galinha", "Jogos frutais" e "Festa na Casa Grande", descrevem um objeto, seja ele típico ou único, não para extrair lições, mas para defini-lo com precisão. Uma terceira categoria inclui poemas como *"Generaciones y semblanzas"*, "Paisagens com cupins" e "Congresso no Polígono das Secas" que focalizam mais certas relações do que qualquer espaço individual. A quarta e última categoria reúne poemas que consideram a representação artística ou que discutem o ato e a técnica de análise de um objeto, como ocorre em "O sim contra o sim", "A palavra seda", "De um avião" e "O alpendre no canavial". A seguir, o exame de alguns poemas representativos de cada categoria.

1) *"A palo seco"* e "Poema(s) da cabra", que descrevem, respectivamente, o canto espanhol sem acompanhamento e o animal, se organizam de maneira semelhante. Ambos os poemas expressam suas palavras temáticas através de uma seqüência de analogias que dependem de objetos concretos, e, por meio da descrição, definição e louvor, extraem lições de um fato exterior. Quer sejam concretas como a cabra, ou invisíveis como o *cante*, as palavras temáticas adquirem materialidade intensa, sem perder o ímpeto em direção ao abstrato, pois tornam-se símbolos de certas formas de ser e agir: *"A palo seco* existem / situações e objetos" (164); "Um núcleo de cabra é visível / por debaixo de muitas coisas" (173). Em *"A palo seco"*, a frase adjetival do título adquire a substância de um objeto material (que o substantivo "palo" já sugere); o *cante* atua contra o silêncio, que também possui corpo concreto:

151

> o silêncio é um metal
> de epiderme gelada,
> sempre incapaz das ondas
> imediatas da água;
>
> a pele do silêncio
> pouca coisa arrepia:
> o *cante a palo seco*
> de diamante precisa. (161)

Tanto *"A palo seco"* como "Poema(s) da cabra" repetem, com variações, as palavras temáticas, ajuntando a elas muitas vezes um predicado com o verbo ser. Encontramos também outros aspectos da linguagem epigramática já utilizados em *Paisagens com Figuras:* oposições, paradoxos, repetições aliterativas, e hipérboles, contidos numa sintaxe concisa. Os dois poemas continuam também o jogo de "procurar a imagem". Uma análise de "Poema(s) da cabra" revelará como o objeto temático torna-se paradigma.

A conversão do objeto em símbolo depende de uma apresentação da cabra que busca o significado do animal além da aparência visual e do fato externo. No entanto, o poema indica que este significado é uma abstração lógica e necessária que se deriva da aparência visual e do modo de agir do animal:

> Vive a cabra contra a pendente,
> sem os êxtases das descidas.
> Viver para a cabra não é
> re-ruminar-se introspectiva.
>
> É, literalmente, cavar
> a vida sob a superfície,
> que a cabra, proibida de folhas,
> tem de desentranhar raízes.
>
> Eis por que é a cabra grosseira,
> de mãos ásperas, realista.
> Eis por que, mesmo ruminando
> não é *jamais contemplativa*. (173)

Apesar da convicção epigramática do tom, a dedução acima não é obrigatória, pois poderia dizer-se da cabra "é sempre contemplativa", o oposto do último verso, sem discrepância ao que se observa no animal que existe fora do poema. As descrições de Cabral atingem um equilíbrio perfeito entre a aparência de observação exata ("A cabra tem o dente frio, / a insolência do que mastiga") e, nas conclusões a que chega o poema, uma independência paradoxal das características físicas da cabra. O poema constrói assim um objeto verbal que possui verossimilhança mas também uma força simbólica original.

Três seções do poema efetuam discriminações precisas entre matizes do negro, partindo da frase descritiva "A cabra é negra". Mas com o desenrolar das distinções, o negro torna-se menos fato visual do que denominador comum a tudo que é pobre e carente:

> A cabra é negra. Mas seu negro
> não é o negro do ébano douto
> (que é quase azul) ou o negro rico
> do jacarandá (mais bem roxo).
>
> O negro da cabra é o negro
> do preto, do pobre, do pouco.
> Negro da poeira, que é cinzento.
> Negro da.ferrugem, que é fosco. (169)

O poema estabelece diferenciações não só das conotações comuns de "negro", mas também de seu referente, até que a palavra adquire independência do atributo visual da cor:

> O negro da cabra é o negro
> da natureza dela cabra.
> Mesmo dessa que não é negra,
> como a do Moxotó que é clara. (170)

As metáforas de base metonímica que associam os reinos, vegetal, animal e mineral, contribuem ao efeito de verossimilhança, colocando a cabra solidamente em seu ambiente adverso. A cabra de lugares áridos se assemelha à vegetação que cresce na mesma paisagem, tipo de analogia que já encontramos na obra anterior de Cabral.

> O negro é o duro que há no fundo
> da natureza sem orvalho
> que é a da cabra, esse animal
> sem folhas, só raiz e talo. (170)

Exemplo extremo e paradigmático da dureza do meio, a cabra torna-se portanto superior a ele. O acúmulo de *rr, br, dr* e *pr* repete, na camada fônica do poema, a equação cabra-pedra:

Se a serra é terra, a cabra é pedra.
Se a serra é pedra, é pedernal.
Sua boca é sempre mais dura
que a serra não importa qual. (171, grifo nosso)

Numa evolução típica da poesia de Cabral, as vítimas da violência, endurecidas, são capazes de rebater as forças que as golpeiam. Dentre os objetos componentes da imagística que define a cabra, muitos têm como sema comum a dureza, que se encontra dentro ou abaixo de uma superfície (pedra, raiz, talo, caroço, osso, esqueleto) ou formando uma proteção externa (côdea, crosta, couraça, escama).

Em sua descrição-definição da negrura da cabra, de sua resistência à domesticação e sua capacidade de extrair alimento da terra árida, de seu temperamento não contemplativo, rebelde e teimoso, Cabral cria o efeito de verossimilhança através da observação aparentemente exata. Mas esta adequação aparente da descrição e definição ao animal, é sustentada por várias técnicas que remetem não ao objeto mas a construções lingüísticas e expectativas culturais, como as metáforas de base metonímica, a inter-relação fônica que reforça a equação cabra-pedra, a lenta elaboração de analogias acompanhada de um comentário sobre esta mesma elaboração, e até a alusão a crenças populares como a que vê na cabra uma criatura diabólica ("Por isso quem vive da cabra / e não é capaz de seu braço / desconfia sempre da cabra: / diz que tem *parte com o Diabo.*"). Todas estas técnicas, ao mesmo tempo que criam a verossimilitude, distanciam a palavra *cabra* de seu referente para fazer dela um símbolo por excelência de certas preocupações fundamentais da obra de João Cabral. Lauro Escorel vê Cabral "identificando-se com a cabra, espécie de animal totêmico, mediante o qual ele reitera a sua preferência pelo árido e pelo seco"[19].

Quando se efetua por fim a extração explícita do paradigma, na antepenúltima e penúltima seções do poema, a cabra já é muito mais que cabra. Algumas seções anteriores já descreveram a cabra em termos aplicáveis a seres humanos. A seção 7, por exemplo, sugere um certo temperamento psicológico: "A cabra é trancada por dentro. / Condenada a caatinga seca..."

---

19. **A Pedra e o Rio, op. cit.**, p. 56.

154

Leva no pescoço uma canga
que a impede de furar as cercas.
Leva os muros do próprio cárcere:
prisioneira e carcereira.

A seção 5 indica uma atitude política: "A cabra guarda
todo o arisco, / o rebelde, do animal selvagem:

Viva demais para não ser,
quando colaboracionista,
o reduzido irredutível,
o *inconformado conformista*. (171)

A cabra, criatura encouraçada que prospera em situações adversas, lembra os muitos animais preparados
para a autodefesa que figuram na poesia de Marianne
Moore. No poema de Cabral, este animal serve de
modelo a outras adaptações difíceis.

Um núcleo de cabra é visível
por debaixo de muitas coisas.
Com a natureza da cabra
outras aprendem sua crosta. (173)

. . . .

A cabra deu ao nordestino
esse esqueleto mais de dentro:
O *aço do osso*, que resiste
quando o osso perde seu cimento. (174)

A primeira e última seções do poema, colocadas entre
parênteses, descrevem a costa do Mediterrâneo em
termos de semelhanças e diferenças às terras do sertão.
A analogia entre as cabras das duas regiões — "Mas
não minto o Mediterrâneo / nem sua atmosfera maior /
descrevendo-lhe as cabras negras / em termos da de
Moxotó" (175) — estabelece a cabra sertaneja como
paradigma que transcende o âmbito regional.

2) Nos poemas da segunda categoria, que definem
objetos genéricos como o ovo de galinha ou o cassaco
de engenho, ou únicos como a mulher amada, o significado essencial do objeto muitas vezes se oculta dentro
dele, e pode ser tanto positivo como negativo. A textura
interna torna-se visível e freqüentemente consiste em
luz, fogo, vibração ou energia sexual. Em "Estudos para
uma bailadora andaluza", o centro do ser da dançarina

se manifesta como um fogo hiperbólico, mais que fogo, pois ultrapassa as limitações físicas do fogo:

> ...somente ela é capaz
> de acender-se estando fria,
> de incendiar-se com nada.
> de incendiar-se sozinha. (128)

"O ovo de galinha", poema que examina minuciosamente uma coisa pequena e auto-suficiente, deixa de lado a palavra para observar o referente, que a percepção sensorial redescobre:

> No entanto, se ao olho se mostra
> unânime em si mesmo, um ovo,
> a mão que o sopesa descobre
> que nele há algo suspeitoso. (64)

O peso do ovo e sua impressão tátil revelam uma substância interna incomum e inquietante. No final do poema, este interior equivale a uma chama, pois tanto o ovo quanto a vela requerem o mesmo cuidado de quem os carrega:

> ...maneira
> entre medrosa e circunspecta,
> quase beata, de quem tem
> nas mãos a chama de uma vela. (66)

Enquanto em "O ovo de galinha" o significado do objeto se revela à visão e ao tato, o poema erótico "Jogos frutais" (178) recorre a todos os sentidos. O resultado é de fato um jogo, pois o poema emprega habilmente a comparação *mulher-fruta,* uma manifestação da analogia secular *mulher-natureza,* já tão desgastada na literatura. De maneira semelhante ao uso da comparação *poema-flor* em "Antiode", Cabral parece lançar mão da *mulher-fruta* para aproximar-se de clichês e então evitá-los com destreza e humor. Cabral compara a mulher às frutas do Nordeste, e, num refinamento divertido que o poema afirma tornar a analogia mais adequada, às frutas de Pernambuco. As referências repetidas ao contato sensorial fazem parte de uma retórica de discernimento racional, que distingue graus de semelhança e as diferenças que particularizam o objeto temático.

As diferentes frutas e as metáforas secundárias que as definem revelam os traços físicos e psicológicos da mulher. Ela se assemelha a uma fruta, mas não a uma fruta qualquer: "fruta do Nordeste", "mesma carnação dourada, / solar e alegre". A seguir, a comparação torna-se mais precisa:

De fruta pernambucana
tens o animal,
frutas quase animais
e carne carnal. (179)

A indefinição de fronteiras entre os reinos humano, animal, e vegetal, tem um valor positivo, ao contrário da fusão negativa de *O Cão sem Plumas*. A metáfora ideal para a mulher, "fruta pernambucana", tem base obviamente emotiva e não objetiva. No entanto, esta equivalência emocional, com sua natural falta de lógica, justifica-se como se resultasse de indubitáveis semelhanças físicas:

Tens de uma fruta aquele
tamanho justo;
não de todas, de fruta
de Pernambuco. (179)

As estrofes do poema se interligam por repetições de palavras ou conceitos; no início de cada estrofe se reiteram motivos dos últimos versos da estrofe anterior. Este tipo de progressão faz lembrar um cântico ritualístico de louvor. A medida que o poema se desenvolve, no entanto, o louvor se transforma em uma apreciação mais reservada da natureza da mulher.

Sem recorrer ao pitoresco, o poema faz referência a uma grande variedade de frutas, enfatizando sua beleza e outras qualidades sensoriais. As metáforas secundárias ou sintagmas adjetivais que definem as frutas, acrescentam mais objetos ao poema: "Motor animal", "metal sadio", "musgo fresco", "formiga", "morcego", "borracha". Uma das vantagens do uso de frutas regionais, mesmo que o leitor as desconheça, é que as palavras que as designam ainda não caíram no uso literário convencional, o qual, como afirma Cabral em "A palavra seda", pode tornar inadequado o significado ao referente. As frutas regionais, ao contrário da "lua" e a "estrela" de Miró, são nomeadas por palavras virgens de tradição poética, que retém portanto um maior efeito sensorial, e, no caso de serem desconhecidas, permitem ao poema conferir este conhecimento ao leitor. Michael Hamburger observa que a rejeição da "literatura" em favor dos sentidos e a desconfiança frente à linguagem figurada são tendências gerais na poesia do século XX[20]. Neste poema estas tendências também se revelam na afirmação paradoxal da qualidade não-metafórica e não-simbólica da metáfora e do símbolo:

> És uma fruta múltipla,
> mas simples, lógica;
> nada tens de metafísica
> ou metafórica.
> Não és O Fruto
> e nem para A Semente
> te vejo muito. (181)

Outra técnica de purificação da poesia, a rejeição das metáforas comuns e a insistência na literalidade, reforçam o poder descritivo da analogia *mulher-fruta*.

Nas frutas a que o poema recorre para definir a mulher, encontram-se qualidades positivas que a mulher compartilha com elas e qualidades negativas que a mulher não possui ou que a ameaçam com sua corrupção. O poema não contém apenas elogios, pois trata-se de uma descrição que avalia o negativo e até mesmo reconhece sua dúbia sedução. Dentre os numerosos valores positivos, muitos já existiam na obra anterior de Cabral: luminosidade, limpeza, vitalidade animal, precisão de forma, saúde, frescor, sabor. O poema também enumera as qualidades negativas que a *mulher-fruta* não possui: "Não de água clara", "não cega":

> Diverso em tudo da jaca,
> do jenipapo.
> Não és aquosa,
> nem fruta que se derrama
> vaga e sem forma. (180)

O sol é positivo mas ao invés de funcionar como símbolo de racionalidade, lucidez e controle, exibe sua força geradora ao promover o crescimento orgânico: "E há em tua pele / o sol das frutas que o verão / traz no Nordeste" (178). A transparência e a clareza, valores positivos em poemas anteriores de Cabral, agora se subordinam à intensidade, profundidade e luminosidade,

---

[20]. **The Truth of Poetry**, op. cit., p. 234.

qualidades acessíveis ao olhar mas provindas de região interna:

> Intensa é a tua textura
> porém não cega;
> sim de coisas que tem luz,
> própria, interna. (178)

Na última terça parte do poema, a analogia *mulher-fruta* serve para avaliar traços ambíguos da mulher. A protagonista possui tanto uma agudeza acre quanto uma doçura excessiva. Sua maturidade precoce inclui uma ponta de decadência, e sua agudeza e energia nervosa não excluem uma certa viscosidade:

> E, tamarindo,
> deixas em quem te conhece
> dentes mais finos
>
> . . . .
>
> Também mangaba,
> deixas em quem te conhece
> visgo, borracha. (183)

As qualidades em contraste na última terça parte do poema — *podre* x *verde, doce* x *ácida, madura* x *jovem, corrompida* x *pura, mórbida* x *sadia* — indicam a natureza contraditória da mulher em quem se encontram. Através do jogo destas oposiçõse, o poema define um equilíbrio precário, tanto físico quanto psicológico, de forças opostas.

> Sem dúvida, és mesmo fruta
> pernambucana:
> a graviola, a mangaba
> e certas mangas.
> De tanto açúcar
> que ainda verdes parecem
> já estar corruptas.
>
> És assim fruta verde,
> e nem tão verde,
> e é assim que te vejo
> de há muito e sempre.
> E bem se entende
> que uns te digam podre e outros
> te digam verde. (184)

O poema forma, então, um retrato físico e moral da protagonista, todo composto das características visuais, táteis e gustativas encontradas nas frutas. Os principais objetos metafóricos, as frutas regionais, servem de ferramentas analíticas, que separam, discriminam, comparam e contrastam, contribuindo assim para uma definição subjetiva e complexa da mulher, que não perde porém a aparência de exatidão.

Outros poemas encontram no âmago do objeto uma força destrutiva, um vazio, ou uma decomposição. Em "Festa na Casa-Grande" (112) a apreensão de traços negativos é insistente e radical. Este longo poema propõe uma descrição-definição satírica do trabalhador da usina de açúcar, mostrando sua total insignificância. Como indica o subtítulo "ritmo deputado; sotaque nordestino", falam os políticos da região, que examinam o cassaco friamente, observando as variações que ele manifesta, conforme sexo e a idade, e em diferentes estados (acordado, dormindo, trabalhando ou não), bem como em sua amarelidão dominante e por fim em sua morte. "A condição cassaco / e o denominador", e esta condição o poema define.

A repetição insistente do termo "cassaco de engenho", seguido de uma formulação epigramática de algum traço seu ou ação, todos negativos, surte o efeito de diminuí-lo cumulativamente. A composição a várias vozes — a cada dois ou quatro versos um travessão assinala a intervenção de outra "voz", que completa sem desacordo o argumento da anterior — também contribui para trivializar o cassaco. Nesta grotesca conversa de festa o tema único é a condição inferior do cassaco.

Ao longo do poema, o cassaco é comparado com objetos insignificantes:

> — Tem a textura bruta
> e ao mesmo tempo frouxa,
> menos que algodãozinho,
> sim própria das estopas.
> — E dos panos moídos
> chegados ao estado
> em que, no português,
> pano passa a ser trapo. (115)

Os freqüentes símiles e metáforas de base metonímica estabelecem analogias pejorativas entre o cassaco e as plantas e substâncias de engenho: " — O cassaco de engenho / quando é criança: / — Parece cruzamento / de caniço com cana"; "mulher é como um saco: / —

De açúcar mas sem ter / açúcar ensacado" (113). Seu sangue é " — Como o caldo de cana / já muito cozinhado" (118). Por outro lado, o cassaco não tem nada em comum com os objetos mais sólidos e caros do engenho: " — é opaco e mortiço: / — Nunca aprende com os aços / de uma usina, seu brilho" (116). Além de absorver, ou deixar de absorver, as qualidades do ambiente, o cassaco também o contagia. Sua cor amarela contamina tudo quanto toca: "purga tudo ao contrário: / — Como o barro, se infiltra, / mas deixa tudo barro" (119). O interior do cassaco revela fraqueza, deterioração, e um vazio que se completa com a morte:

> — O cassaco de engenho
> quando o carregam, morto:
> — É um caixão vazio
> metido dentro de outro. (122)

Os observadores que narram o poema, em análise impiedosa do objeto cassaco, recorrem à inspeção sensorial e empregam uma linguagem metafórica rica em objetos diversos. Porém o que o poema constrói, em técnica semelhante a de *Paisagens com Figuras,* é um ser hiperbolicamente negativo, uma "coisa de não": o cassaco anulado pelo sistema social e econômico que os seres humanos perpetuam sem a colaboração do flagelo natural da seca que atormenta os severinos.

3) Um outro emprego de objetos se encontra nos poemas que definem formas de relações. O confronto de tipos diversos de associações ou contato governam a construção dos poemas, e os objetos dão corpo concreto a conceitos abstratos. Em *"Generaciones y semblanzas",* por exemplo, Cabral aproveita ironicamente o título das biografias feitas por Fernán Pérez de Gusmán da Espanha de sua época (início do século XV). No poema de Cabral, o exame de como o interior do homem se relaciona com o exterior do mundo não alude a pessoas específicas mas a tipos de personalidades, e apresenta as preferências e maneirismos de cada um em termos de objetos e espaços. *Dentro x fora* é o contraste fundamental: "Existe gente... que se mostra por dentro / e se esconde por fora" (70); "Há gente que se gasta / de dentro para fora./ E há gente que prefere / gastar-se no que choca" (73). As palavras concretas da linguagem figurada conrtibuem para

161

a descrição destes tipos e relações, como por exemplo na última seção, onde as diferenças entre "o parasita simples" e o "de alma insidiosa" são estabelecidas em termos de animais e plantas:

> Mas se o primeiro tipo
> se satisfaz com a sombra
> e no corpo que o abriga
> vegeta mudo, em coma,
> o outro, mais cedo ou tarde,
> retorna e desabrocha:
> na flor da delação,
> a única em que flora. (74-75)

Em "Paisagens com cupins", o contato e o contágio ocorrem entre elementos da paisagem. Recife evita o contágio: "cai contra o mar, contra: em lage" (174). Mas em outras localidades de Pernambuco — "arrabaldes de Recife", "vilas entre coqueirais", "cidades do canavial" — o cupim traz consigo a corrosão: os "cupins de mar" "dão a tudo carne leve / que o mar quer nas coisas que leve" e o "cupim de cana" representa metaforicamente a desintegração causada por uma economia em declínio:

> No *canavial* tudo se gasta
> pelo miolo, não pela casca.
> ....
> Tudo se gasta, mas de dentro:
> o cupim entra os poros, lento
> e por mil túneis, mil canais
> as coisas desfia e desfaz. (149)

Na relação negativa que governa o poema, a infiltração que destrói, o cupim e suas variações servem de metáfora para "a vida... bichada" de lugares onde "tudo carrega seu caruncho" (148, 149).

"Congresso no Polígono das Secas" (103), que também se fundamenta na descrição de certas relações, expõe em "ritmo senador, sotaque sulista" a ausência de limites que caracteriza a morte na zona nordestina da seca. As 16 estrofes do poema, encabeçadas por números fora de ordem (exceto 1 e 16, na primeira e última estrofes), desenvolvem 4 temas inter-relacionados, cada um ocupando 4 estrofes, e apresentados em termos de contrastes e oposições. O primeiro propõe que a região inteira seja denominada "cemitérios gerais", porque lá a morte não respeita limites:

> — Onde o morto não é,
> só, o homem morto, o defunto.
> — De mortos muito mais gerais,
> bichos, plantas, tudo. (105)

O segundo tema define a morte especial que ocorre nos "cemitérios gerais". Lá a morte é caracterizada pelo vazio e pela despersonalização, e os mortos, chamados em grandes grupos em anos de muita seca, não se distinguem uns dos outros. Estes mortos, tema do terceiro grupo de estrofes, se assemelham entre si e diferem de outros mortos, pois não possuem traços pessoais e se enterram sem ritual:

> — Os mortos daqui vão despidos
> e não só da roupa correta
> mas de todas as outras,
> mínimas, etiquetas. (108)

Finalmente, o último grupo de estrofes relata a extinção completa dos mortos: "Cemitérios gerais / que não exibem restos"; "que dos restos não cuidam", "que não toleram restos" (110-111).

Na leitura do poema, caso seguíssemos a seqüência numérica em vez da ordem de apresentação, leríamos a primeira estrofe de cada seção, depois a segunda de cada seção, e assim sucessivamente. A numeração desordenada do poema convida, então, a duas leituras: ou cada seção como um todo, ou o entrelaçar das seções. A dupla organização do poema demonstra os limites indistintos e a recusa à permanência em compartimentos estanques, refletindo assim o tema básico do poema.

Cada uma das quatro seções do poema, e dentro dela cada estrofe, estabelece contrastes entre a morte especial, avassaladora dos cemitérios gerais, e outras mortes cemitérios mais normais. Lá a morte é mais degradante porque é corriqueira e onipresente. O cheiro, a consistência e até mesmo o sabor de outras mortes tornam-se pontos de comparação grotescos para o vazio sensorial da morte nos cemitérios gerais. O poema emprega de forma cumulativa todos os recursos da retórica de negação já encontrada em coletâneas anteriores.

Palavras negativas (não, nunca, nenhum, nada, sem) aparecem com freqüência, identificando objetos e traços ausentes. Ao conceito já negativo da morte, agregam-se outras negações, construindo assim um local e um tipo de morte caracterizada por uma falta geral e uma destruição implacável. Os objetos figuram em metáforas que apresentam abstrações em termos concretos ("A morte aqui... é o vazio que faz com que se murche a saca", 105). Porém, como em todos os poemas que dependem fundamentalmente da definição de relações, os objetos subordinam-se ao propósito de manifestá-las. "Congresso" satiriza a retórica dos senadores com verbos referentes a transações comerciais e políticas — produzir, importar, capitalizar, desapropriar, socializar — que designam atividades situadas no contexto da morte. Estas transações ocupam o primeiro plano na retórica do poema, atividades fúteis que não dão em nada, como ocorre com a "parcial matemática" da região:

> — Aqui, toda aritmética
> dá o resultado nada,
> pois dividir e subtrair
> são as operações empregadas.
> — E quando alguma coisa
> é aqui multiplicada
> será sempre para elevar
> o resto à potência do nada. (110-11)

4) A quarta categoria compõe-se de poemas que examinam objetos, propondo implícita ou explicitamente este exame como modelo da observação e construção artística. Esta análise não só se dá como se discute, e os objetos fazem parte de metáforas que exprimem certos procedimentos da percepção e da linguagem poética. "A palavra seda" e "O sim contra o sim" são poemas deste tipo. Em "De um avião" (136), a descrição metalingüística da percepção poética só ocorre na última seção. O poema descreve a percepção de uma paisagem, Recife e Pernambuco, à medida que esta vai se modificando para quem a observa de dentro de um avião que se afasta.

> Se vem por círculos na viagem
> Pernambuco — Todos-os-Foras.
> Se vem numa espiral
> da coisa à sua memória. (136)

Como indica João Alexandre Barbosa,

[a] partir desta primeira estrofe, a direção do poema é dada pelo que a vista pode reter num compartimento diverso do simplesmente visual: o desaparecimento em círculos do objeto encontra seu correlato na intensidade com que o poema vai construindo um espaço para a expressão de núcleos que estão para além da paisagem *vista,* embora dela dependente [21].

Os núcleos de significado que o poema atinge se correlacionam sempre com a paisagem visual, e, como já indica o termo generalizante "coisa", o poema alude também a maneira como a observação do objeto vai se realizando. A percepção segue a trajetória de uma espiral, movimento circular que retorna a um ponto que é quase mas não exatamente o mesmo por onde se passou antes. Cada círculo da espiral revela um Pernambuco diferente: uma paisagem "em vitrine", depois os contornos das formas, e logo somente massas de cor. Mais tarde a passagem se reduz a uma luz:

> até que enfim todas as cores
> das coisas que são Pernambuco
> fundem-se todas nessa
> luz de diamante puro. (140-41)

A luz então desaparece num tom acinzentado, "chumbo", e o diamante, na última seção, permanece apenas na memória:

> Já para encontrar Pernambuco
> o melhor é fechar os olhos
> e buscar na lembrança
> o diamante ilusório
> ....
> refazer aquele diamante
> que vi apurar-se cá de cima,
> que de lama e de sol
> compôs luz incisiva;
>
> desfazer aquele diamante,
> a partir do que o fez por último,
> de fora para dentro,
> da casca para o fundo. (141-42)

O poema coloca o homem de Pernambuco como um núcleo de significado implícito na paisagem que a memória retém. A distância o oculta em primeiro lugar, apagando antes ainda a sua dor: "ainda enxergo o ho-

---

21. **A Imitação da Forma,** op. cit., p. 181.

mem, / não mais sua cicatriz" (138). Nas últimas estrofes citadas acima, quando o avião penetra nos "círculos derradeiros" e o poema propõe a maneira de captar o significado do objeto ausente, retraçando em ordem inversa os passos da percepção, o homem se encontra no interior da paisagem analisada: "o homem, que é o núcleo / do núcleo de seu núcleo" (142). Se interpretamos o poema a um nível menos literal, vemos, além do "núcleo" da paisagem de Pernambuco, o delinear do funcionamento da percepção poética. O objeto, examinado meticulosamente pela percepção e pela linguagem, oferece por fim seu núcleo ou núcleos que antes se escondiam. Estes significados, muitas vezes de ordem ética, social, ou estética, parecem acessíveis ao que os sentidos podem averiguar. As operações que figuram no poema, de mover-se em círculos, buscar, refazer, e desfazer, em sua aplicação mais geral descrevem métodos da linguagem de Cabral, que também busca a metáfora exata, logo a desfaz para em seguida refazê-la por meio de outra analogia.

Em "O alpendre no canavial" repete-se o tema da percepção que aplicada metodicamente atinge o núcleo íntimo do objeto. Neste poema, porém, o "objeto" é uma abstração das mais incorpóreas e imponderáveis: o passar do tempo, que se examina, em conjunção paradoxal, servindo-se de cada um dos cinco sentidos. O vazio na vida do alpendre, de onde se vê o canavial, de tão intenso empresta ao tempo forma concreta:

> Do alpendre, o tempo pode ser
> sentido com os cinco sentidos
> que ali depressa se acostumam
> a tê-lo ao lado, como um bicho. (95)

Os cinco sentidos rodeiam o objeto, de maneira paralela aos círculos que traça o avião. Como contraparte aos diversos instrumentos sensoriais que o inspecionam, o tempo revela-se em aspectos diferentes. Faz-se "coisa / que se vê, se escuta, se apalpa" (95), tomando a forma de vários objetos metafóricos: fumaça, cinza, pássaros diversos, membrana espessa, preguiça, embuá, mel-de-engenho, borracha. O poema, ao invés de evitar ou exorcisar o tempo, elogiando o que lhe é imune, como ocorre em "Pequena ode mineral" (*O Engenheiro*) e outros poemas, aceita o seu passar inevitável, se

166

bem que o apresentem de maneira curiosamente bené-
vola. Todos os sentidos revelam que o tempo não pode
ser capturado, ele passa vagarosamente mas passa. As
diversas metáforas de animais mansos fazem ver um
tempo domesticado, nada ameaçador, que como um pássaro "parece / passar ao alcance da mão" (96).

Na última seção do poema, o tempo vagaroso que
permeia o mundo ao seu redor serve, por sua vez, de
metáfora numa descrição metapoética das estratégias
graduais da percepção poética e da construção lingüística:

> Então o alpendre e a bagaceira
> se transformam em laboratório:
> pois vistas a esse tempo lento
> como se sob um microscópio,
>
> as coisas se fazem mais amplas
> mais largas, ou mais largamente,
> e deixam ver os interstícios
> que a olho nu o olho não sente,
>
> e que há na textura das coisas
> por compactas que sejam elas;
> laboratório: que parece
> tornar as coisas mais abertas
>
> para que as entremos por entre,
> através, do fundo, do centro;
> laboratório: onde se aprende
> a apreender as coisas por dentro. (98-99) ⟍

Os efeitos deste tempo lento remetem a certas técnicas
construtivas de Cabral, o laboratório onde ele elabora
seus textos: os longos poemas, divididos em partes, que
abordam o mesmo tema sob diversos ângulos; o avanço
através da reiteração; a composição lenta e engenhosa
de metáforas autocríticas e analogias hipotéticas. O microscópio figura também em "O sim contra o sim",
numa metáfora para o fazer artístico de Jean Dubuffet:
"Não intenta aproximar o longe / mas o que está pró-
ximo, / fazendo com a luneta / o que se faz com o
microscópio" (62). Cabral também aproxima o próxi-
mo, temas comuns que sob seu olhar mostram o que
tem de incomum. O tempo lento, o vagar e a intensidade
de observar e construir, revela nas coisas "os interstí-
cios / que a olho nu o olho não sente", intervalos, lacunas, traços escondidos, que tanto na percepção quanto
na linguagem propulsionam a criação poética.

167

III

O construtivismo de *Terceira Feira,* evidente tanto na articulação das partes com o todo quanto nas unidades lingüísticas menores, se demonstra também nos contrastes metódicos que fundamentam a composição de vários poemas. Cabral amplia o seu interesse pela comparação e contraste, pois além do confronto entre a Espanha e o Nordeste, surge a justaposição de conceitos contrários que muitas vezes se inter-relacionam: dentro x fora, despido x vestido, aberto x fechado, cheio x vazio. Embora ao nível formal estas oposições manifestem a construção deliberada do poema, ao nível temático chegam a ser, às vezes, um desafio ao controle intelectual, quando examinam os modos de contato, associação e infiltração que subvertem a distância, a separação e o isolamento. Os contrastes que os poemas de *Terceira Feira* apresentam têm talvez como denominador comum a revelação de alguma textura interior e o exame de formas de contato, que a referência constante aos sentidos reforça, pois liga necessariamente quem percebe ao objeto percebido.

A fusão e o contato desempenham um papel positivo em muitos dos poemas. Ao contrário de uma hipotética bailarina, a bailadora afirma seu contato com a terra:

> esta se quer uma árvore
> firme na terra, nativa,
> que não quer negar a terra
> nem, como ave, fugi-la. (131)

O contraste vestido x despido pode demonstrar um sentir-se à vontade no mundo, bem como a harmonia com outros seres humanos. O contato do sevilhano com sua cidade é um encaixe harmonioso:

> a cidade mais bem cortada
> que vi, Sevilha,
> cidade que veste o homem
> sob medida. (166)

"Formas do nu" (88) exalta a nudez de vários tipos de animais, contrastando-a com as mil maneiras que o homem tem de proteger-se: *"O homem* é o animal / mais vestido e calçado"* (90). Mas a poesia de *Terceira Feira* valoriza justamente os momentos de desnudez:

> Quando vestido unicamente
> com a macieza nua dela,
> não apenas sente despido:
> sim, de uma forma mais completa. (56)

A valorização do contato e da fusão, tema novo e surpreendente iniciado em *Quaderna* e manifestado com maior expansão naquela coletânea, revela-se em especial nos poemas eróticos, sem limitar-se a eles. Sete dos vinte poemas de *Quaderna* se dirigem a uma mulher. Neles tanto os elementos naturais que já antes se revestiam de valor positivo (fogo, luz, pedra) como outros, os que foram banidos do deserto de Anfion (vida vegetal, vitalidade animal, água) figuram afirmativamente na imagística, como já se viu em "Jogos frutais". A linguagem figurada de "Rio e/ou Poço" (165) valoriza tanto a água como a profundeza interior:

> ...se é da água corrente,
> por longa, tua aparência,
> somente a água de um poço
> expressa tua natureza. (165)

A palavra *casa* aparece em metáforas com freqüência, relacionando-se às oposições dentro x fora, vestido x despido, aberto x fechado. Como é comum em Cabral a palavra participa de contextos tanto negativos quanto positivos. Em "Cemitério paraibano (entre Flores e Princesa)", no contexto da morte, casa sugere a intimidade de um pequeno cemitério rural... "uma casa é o cemitério / dos mortos deste lugar. / A casa só, sem puxada, / e casa de um só andar" (142), contraposta aos "cemitérios cidades / em cidades cemitérios". Em "Sevilha", a relação feliz entre o sevilhano e a sua cidade se compara não apenas à que há entre um homem e suas roupas, mas também entre o homem e a sua casa:

> O sevilhano usa Sevilha
> com intimidade,
> como se fosse a casa
> que ele habitasse.
>
> Com intimidade ele usa
> ruas e praças;
> com intimidade de quarto
> mais que de casa. (167)

A casa como representação do "espaço feliz" (o termo é de Bachelard)[22] indica a preocupação, nova na obra de Cabral, com o relacionamento harmonioso entre o homem e e seu meio, que o sevilhano exemplifica. "A mulher e a casa" descreve, em termos espaciais, com a mesma metáfora, uma sedução tanto física quanto psíquica: as maneiras de entrar a que a mulher convida. As ressonâncias psicológicas de "dentro", palavra que aparece dez vezes no poema, juntamente com as conotações sexuais do ato de entrar, tornam inseparáveis o físico e o espiritual. Tomando como ponto de partida o elemento comum "fachada", com sua dupla acepção de exterior de uma casa e rosto ou aparência de uma pessoa, o poema nomeia outros atributos que a mulher e a casa compartilham:

> Tua sedução é menos
> de mulher do que de casa:
> pois vem de como é por dentro
> ou por detrás da fachada.
>
> Mesmo quando ela possui
> tua plácida elegância,
> esse teu reboco claro,
> riso franco de varandas. (153)

Depois de estabelecer a comparação ao nível da aparência o poema propõe uma semelhança mais essencial:

> uma casa não é nunca
> só para ser contemplada;
> melhor; somente por dentro
> é possível contemplá-la.

As surpresas, o potencial oculto que reside nos espaços interiores, exercem a mais notável fascinação:

> Seduz pelo que é dentro,
> ou será, quando se abra;
> pelo que pode ser dentro
> de suas paredes fechadas;
>
> pelo que dentro fizeram
> com seus vazios, com o nada;
> pelos espaços de dentro,
> não pelo que dentro guarda. (153)

O interior, apresentado em termos dos espaços bem definidos de uma casa (recintos, áreas, corredores, sala), traz no entanto conotações subjetivas de um refúgio sexual e psíquico. O exterior seduz porque impli-

---

22. Gaston Bachelard, **The Poetics of Space,** trans. Maria Jolas (Boston: Beacon Press, 1964), p. xxxi.

ca o interior, e o interior pelo seu convite à entrada. Sugere-se, além do mais, que esta sedução depende da oferta de um espaço ("pelos espaços de dentro / não pelo que dentro guarda") onde o visitante pode sentir-se protegido o suficiente para revelar sua própria intimidade.

Em *Quaderna* e *Serial* os temas de contato e fusão se afirmam de maneira positiva, embora haja exceções, como por exemplo a infiltração destrutiva de "Paisagens com cupim". Já em *Dois Parlamentos* a dissolução de barreiras e mesmo o contato são sempre negativos. Em "Congresso no Polígono das Secas" a morte não respeita limites. Nos cemitérios gerais não há divisão entre o interior e o exterior, pois a região inteira é um cemitério, produzindo os mortos que nela se enterram. A valorização do estanque e individual aparece implicitamente, em oposição à fusão mórbida dos mortos entre si, dos mortos como os vivos, e do cemitério com a região adjacente. Em "Festa na Casa Grande" a percepção sensorial funciona de modo satírico e negativo. Não aproxima os observadores do cassaco, mas fazem-se instrumentos de uma análise fria e cruel.

> ─── O cassaco de engenho
> de perto, ao olho esperto:
> ─ Em tudo é como o homem,
> só que de menos preço. (114)
> . . . .
> ─ O cassaco de engenho
> se se chega a tocá-lo:
> ─ É outra a consistência
> de seu corpo, é mais ralo. (115)

As conotações positivas que freqüentemente se agregam aos temas de fusão, não impedem uma avaliação também positiva da separação e do distanciamento. Embora Cabral mostre uma certa fascinação pela intimidade, o contato e a entrega sem barreiras, manifestada nas oposições dentro x fora, despido x vestido, aberto x fechado, o poeta continua a formular sua teoria de poesia em termos de diversas formas de separação: rejeições, limitações e restrições auto-impostas. As atividades de cortar e ser cortado persistem nestes livros mais recentes, aparecendo juntamente com o estudo do contato e das múltiplas formas de relacionamento não-agressivo. O psicólogo James Hillman faz um comentário pertinente sobre a concepção da individualidade como, em suas origens, "uma condição dividida, isolada, e separada":

...sua força depende, em parte, de seu isolamento e... seu princípio de realidade é em parte o princípio de competição insular, de ser dono de si próprio, uma visão hobbesiana de cada um por si, de independência radical, de dependência superada. Afinal de contas, o herói com sua faca, metáfora do ego "forte" enfrentando problemas "difíceis" num mundo "duro", também é uma metáfora para o ego que divide e corta, um ego em cuja própria essência estão a separação e a partida... [23]

Enquanto Cabral investiga as possibilidades poéticas da oposição dependência x independência, a separação funciona ainda com freqüência e eficácia artística em sua poética (veja-se "Graciliano Ramos" e *A palo seco*). Os poemas também continuam a salientar as forças ascéticas na natureza. "Cemitério alagoano (Trapiche da Barra)" (134) descreve o mar com uma mistura de ironia e admiração:

> O mar, que só preza a pedra,
> que faz de coral suas árvores,
> luta por curar os ossos
> da doença de possuir carne,
>
> e para curá-los da pouca
> que de viver ainda lhes resta,
> lavadeira de hospital,
> o mar esfrega e reesfrega. (134)

Apesar de Cabral continuar a defender o asceticismo, a separação e o controle racional, a presença de temas que negam ou se opõem a esses valores é uma inovação importante em *Terceira Feira*. O interior desarmado e despido, o contato feliz e a fusão, bem como a referência aos sentidos que partindo de um domínio restrito da visão e do tato agressivos (faca) inclui outras modalidades mais amenas de percepção, revela novos relacionamentos no meio humano e natural, demonstrando também uma espécie de reintegração, uma aproximação do que antes estava despedaçado ou amputado. Esta nova riqueza inclui, no entanto, valores contrários que mantém-se em tensão: o positivo e o negativo com freqüência trocam de sinal e os opostos rara vez abandonam o seu confronto.

[23]. James Hillman, "Schism", em **Loose Ends** (Zürich: Spring Publications, 1975), pp. 85-86.

7. "NO IDIOMA PEDRA":
A EDUCAÇÃO PELA PEDRA

Em *A Educação pela Pedra* (1966), a pedra torna-se o símbolo central da poesia, com uma grande riqueza de traços e significações. Depois do estilo das facas de *Paisagens com Figuras* e *Uma Faca só Lâmina,* que toma como metáfora o tocar agressivo e o construir disse-cando, a poética de João Cabral passou com *Terceira Feira* a privilegiar o jogo lingüístico, em conjunção com um contato sensorial com o mundo exterior que inclui sua freqüentação mais aprazível. Nesta nova coletânea de 1966 encontramos uma recrudescência da agressivi-dade numa poesia que agora toma como modelo a pre-sença sólida da pedra, sua auto-suficiência, e seu golpe, palavras "que se atirem como se atiram pedras" (32).

Também aqui se exacerbam o construtivismo e o relevo visual. Ao contrário de *Pedra do Sono,* primeiro livro onde Cabral já começa a indagar as possibilidades do material mineral, estamos definitivamente no mundo da pedra desperta:

Les corps trop nettement éclairés, les corps solides, les corps durs, doivent être expulsés de notre vie ensommeillé. Ce sont là des *objets d'insomnie*. Il ne faut pas penser le soir au fer, à la pierre, au bois dur, à tout ces matières prêtes à nous provoquer. Mais la vie eveillée au contraire réclame des adversaires [1].

Vejamos como a pedra "entranha a alma" (11) do discurso poético desta coletânea, examinando seu alcance como metáfora da poesia.

1. *"Sua carnadura concreta"*

A linguagem de *A Educação pela Pedra* aperfeiçoa e intensifica a forma espacial, a "carnadura concreta" que ensina o poema-título e que Cabral vem desenvolvendo especialmente a partir das "coisas claras" de *O Engenheiro*. Muito se tem escrito sobre a forma espacial na literatura, com freqüência contrastando de maneira superficial o elemento temporal-verbal com o espacial-visual como se fossem categorias estanques. W. T. J. Mitchell argumenta que a forma espacial é um aspecto fundamental da interpretação e da experiência de qualquer literatura, e "tempo" e "espaço" são categorias que não se excluem mas se interpenetram[2]. Ao exprimir nossa maneira de sentir o tempo caímos inevitavelmente em metáforas espaciais (fala-se em "espaço de tempo", "tempo longo" etc.) e vice-versa, pois a percepção do espaço dá-se sempre num intervalo temporal. O estado da literatura, arte temporal constituída de uma concatenação de palavras apreendidas em seqüência pelo leitor, apóia-se no entanto em metáforas espaciais:

o vocabulário do formalismo está inegavelmente permeado de preocupações espaciais, desde os conceitos centrais de forma, estrutura, enredo e imagística, até os argumentos mais especializados defendendo a existência de ícones verbais [3].

A teoria da poesia concreta apresenta uma visão lúcida e abrangente, assim como programática, da interpenetração em várias artes do verbal e do visual, do temporal e do espacial:

poesia concreta: tensão de palavras-coisas no espaço-tempo. estrutura dinâmica: multiplicidade de movimentos concomi-

---

1. Gaston Bachelard, **La terre et les rêveries de la volonté** (Paris: José Corti, 1948), p. 72.
2. W. T. J. Mitchell, "Spatial Form in Literature: Toward a General Theory", **Critical Inquiry**, Spring 1980, Vol. 6, Número 3, pp. 539-567.
3. **Ibid.**, p. 547. Minha tradução.

tantes. também na música — por definição, uma arte do tempo — intervém o espaço (webern e seus seguidores: boulez e stockhausen; música concreta e eletrônica); nas artes visuais — espaciais por definição — intervém o tempo (mondrian e a série *boogie-woogie*; max bill; albers e a ambivalência perceptiva; arte concreta em geral) [4].

Sem negar a temporalidade inerente à percepção artística e a espacialidade de toda forma poética (Jakobson, como se sabe, define a função poética como "a projeção do princípio de equivalência do plano de seleção no plano de combinação", também colocando em conjunção a a-temporalidade do eixo paradigmático com a seqüência temporal do eixo sintagmático)[5] é possível demonstrar que a poesia pode ser mais ou menos "concreta" e tentar definir esta "concretude" em termos específicos. Para os concretistas, a poesia é concreta em três sentidos fundamentais. Primeiro, pelo aproveitamento do espaço gráfico, o único sentido em que a poesia é, literalmente, um objeto com existência espacial:

poesia concreta: produto de uma evolução crítica de formas. dando por encerrado o ciclo histórico do verso (unidade rítmico-formal), a poesia concreta começa por tomar conhecimento do espaço gráfico como agente estrutural. espaço qualificado: estrutura espácio-temporal, em vez de desenvolvimento meramente temporístico-linear [6].

Em segundo lugar, os concretistas, tomam a palavra metaforicamente como coisa, sem deixar que o sentido predomine sobre seus outros aspectos, palavras-coisas com dimensões "verbivocovisuais" que se conjugam no poema pelo método da justaposição. Em terceiro lugar, o poema é concreto por existir como objeto artístico auto-suficiente:

o poema concreto comunica a sua própria estrutura: estrutura conteúdo. O poema concreto é um objeto em e por si mesmo, não um intérprete de objetos exteriores e/ou sensações mais ou menos subjetivas [7].

Estes aspectos da teoria concretista — sua visão da "carnadura concreta" do poema — se prolongam com algumas modificações na linguagem de *A Educação*

---

4. Augusto de Campos, Décio Pignatari, Haroldo de Campos, "Plano-Piloto para a Poesia Concreta" em **Poetas do Modernismo, Antologia Crítica**, Vol. VI, ed. Leodegário A. de Azevedo Filho (Brasília: Ministério da Educação e Cultura, 1972), p. 132.
5. Roman Jakobson, "Closing Statement: Linguistic and Poetics", **Style in Language**, ed. Thomas A. Sebeok, (Cambridge: The M. I. T. Press, 1960), p. 358.
6. "Plano-Piloto para a Poesia Concreta", **op. cit.**, p. 132.
7. **Ibid.**, p. 132.

pela Pedra. Este livro de 1966 mostra que a relação entre João Cabral e os concretistas não se limita à de precursor (por sua "poesia arquitetural", que estendeu a linha da "poesia substantiva e enxuta" iniciada por Oswald de Andrade)[8].

Publicada 14 anos após a formação do grupo NOIGANDRES em 1952, *A Educação pela Pedra* mostra a marca da prática concretista, apesar de Cabral não se deixar limitar nem dirigir exclusivamente por ela.

Em *A Educação pela Pedra,* o controle intelectual sobre a construção do poema está ainda mais explícito que em *Terceira Feira,* demonstrando claramente o processo construtivo que vai culminar na produção do "objeto" artístico. O número dois domina a composição da coletânea, e esta é uma obra "composta" não só no nível de poemas individuais, mas também no da integração dos poemas em livro. Cada poema se divide em duas estrofes coordenadas como duas seções independentes sobre o mesmo tema ou como duas partes complementares de um mesmo poema. (O primeiro tipo é indicado pelo asterisco [*] e o segundo pelo número 2 entre as estrofes). "Duplos e Metades", título que Cabral pensou dar à coletânea[9], teria indicado estas duas formas de construção binária, que no entanto se destacam na primeira edição (Editora do Autor) onde as duas partes de cada poema estão impressas em páginas opostas[10]. No nível da coordenação dos poemas, há ainda outro tipo de organização "dupla". Dentre as 48 peças do volume, encontram-se oito pares de "composições emparelhadas"[11]: poemas ligados por títulos análogos e por alguns versos em comum. A primeira edição organiza os poemas por uma dupla subdivisão, também com base no número 2: 4 seções, cada qual com 12 poemas, rotulados A, B, a, b[12]. (As seções

---

8. **Ibid.,** p. 129.

9. Minha entrevista com João Cabral de Melo Neto, Rio de Janeiro, 12 de agosto, 1974.

10. Segundo resposta dada por João Cabral a Aguinaldo José Gonçalves, abandona-se nas edições subseqüentes a disposição gráfica original "apenas e tão-somente por uma conveniência econômica e de espaço exigida pelos editores": Aguinaldo José Gonçalves, "O Processo de Criação em João Cabral de Melo Neto: Análise de **A Educação pela Pedra** a partir de suas relações intertextuais", Dissertação de Mestrado, Área de Teoria Literária e Literatura Comparada, Faculdade de Filosofia, Letras e Ciências Humanas, Universidade de São Paulo, 1980, p. 32.

11. O termo é de Benedito Nunes, **João Cabral de Melo Neto,** p. 136.

12. Nas edições subseqüentes de **A Educação pela Pedra** os poemas não estão mais divididos em seções rotuladas com letras, embora seja mantida a ordem original. Omitem-se as seções pela mesma razão dada na nota 10 acima. Aguinaldo José Gonçalves, **op. cit.,** p. 32.

rotuladas A ou a incluem apenas poemas com temas nordestinos; os poemas de B e b possuem temas variados. As maiúsculas indicam os poemas mais longos, e as minúsculas, os mais curtos).

Na construção de cada poema Cabral demonstra formas diversas de relacionar dois elementos. A noção de duplos e metades, poemas de estrofes independentes ou complementares, indica apenas duas maneiras gerais de classificar a construção binária. João Cabral trabalha com diversas atualizações específicas da organização dupla e partida. As duas estrofes podem oferecer exemplos selecionados de uma série aberta ("Uma educação pela pedra..."; "Outra educação pela pedra") ou realizar uma análise binária que compreende em sua totalidade um objeto, como em "Num monumento à aspirina", ou mesmo uma figura retórica, como em "O hospital da Caatinga", onde o poema discorre sobre as duas "pontas" ou significados possíveis do símile do título. A organização interna de vários poemas dá-se a partir de um alinhamento duplo de palavras temáticas: mar x canavial, seco x úmido, dentro x fora, solúvel x insolúvel, engenho banguê x usina, cal viva x cal morta, que se opõem ou se completam, estendendo assim até a relação entre palavras a organização dupla da coletânea.

Nos oito pares de poemas emparelhados, Cabral trabalha com ainda outro tipo de construção binária: os dois elementos que se relacionam são dois poemas, variações um do outro[13]. O segundo poema é uma transformação do primeiro, realizada por meio de deslocamentos, ajustes, variações. Não há dois pares relacionados da mesma maneira. As diferenças entre os pares, sempre acarretando uma mudança de sentido, variam de mínima a substancial. No extremo das diferenças mínimas, encontra-se "Nas Covas de Baza" e "Nas Covas de Guadix", onde apenas uma palavra do título é única em cada poema. Além disso, o segundo difere do primeiro na organização das unidades com-

---

13. Ver as análises detalhadas de Bendito Nunes que, com o auxílio de esquemas gráficos, examina a relação entre os poemas emparelhados "Nas covas de Baza", "Nas covas de Guadix", "O mar e o canavial", "O canavial e o mar", "Uma mineira em Brasília", "Mesma mineira em Brasília", "The Country of the Houyhnhnms", e "The country of the Houyhnhnms (outra composição)", para exemplificar o que ele chama "eixo horizontal da lógica da composição: toda vez que da diferente agrupaçao de versos resulte ... uma diferença de sentido". **João Cabral de Melc Neto**, p. 143-152.

postas de dois versos, resultando numa mudança na ordem de apresentação de argumentos e imagens. No par "A urbanização do regaço", "O regaço urbanizado", há uma diferença de pontuação além do reordenamento das unidades de dois versos, dispostos de modo a formar frases diferentes. Em "O mar e o canavial", "O canavial e o mar", *mar* e *canavial*, em suas relações recíprocas, se revezam na posição de sujeitos dos verbos *aprender* e *ensinar*. ("O que o mar sim aprende do canavial" torna-se no segundo poema "o que o canavial sim ensina ao mar", por exemplo). Tanto os versos modificados quanto os idênticos ocupam novas posições na seqüência do segundo poema, exceto os três versos finais, que permanecem iguais. Os outros pares de poemas têm menos versos em comum. De poema para poema muda-se o relevo relativo de certos versos e buscam-se variações de temas; um poema e não outro elabora certos argumentos ou imagens. No pólo extremo da diferença entre os poemas encontra-se "Coisas de cabeceira, Recife" e "Coisas de cabeceira, Sevilha" onde apenas dois versos permanecem idênticos. Ambos os poemas começam com a mesma metáfora, a memória como lugar onde se guardam coisas lembradas em prateleiras com rótulos, mas os "objetos" diferem: no primeiro poema representam lembranças visuais e no segundo certas expressões verbais que usam os ciganos de Sevilha.

Os poemas emparelhados levam a um ponto extremo a demonstração da técnica construtiva, que já em coletâneas anteriores vinha sendo exibida pelas diversas referências metalingüísticas ao processo de criação, como a autocorreção de metáforas e símiles, que vêm marcando a obra poética de João Cabral. Estes pares de poemas ressaltam mais uma vez a atitude do autor frente ao trabalho de arte. Acima de tudo os poemas emparelhados aparentam o contrário da obra improvisada ou espontânea: o poeta planeja meticulosamente os seus poemas, os arruma e rearruma, e ao apresentá-los em pares, deixa evidente o processo de seu trabalho para que o leitor o examine. Como Cabral indica em "Poesia e Composição" o momento da criação "para uns é o ato de aprisionar a poesia no poema e para outros o de elaborar a poesia em poema...; para uns é o momento inexplicável de um achado e para outros as horas enormes de uma procura"[14]. Alinhando-se definitivamente com os poetas para quem criar é procurar, no "desfaz-faz e faz-refaz" (12) dos poemas emparelhados Cabral nega que haja somente uma única forma válida para a obra de arte, desmitificando o conceito de um "achado" válido que aprisionasse a poesia no poema.

A exposição persistente da técnica construtiva e da composição que apoiando-se no número dois se mostra intelectual e controlada tem como um de seus efeitos a apresentação do poema como "objeto". Este produto de um fazer coerente por sua vez exibe o modo de fazer, sua maneira de fabricar o sentido[15].

Com o propósito de examinar mais de perto a aparência de objeto espacial construído que os poemas de *A Educação pela Pedra* mantêm, vejamos o caso dos poemas emparelhados "Coisas de cabeceira, Recife" e "Coisas de cabeceira, Sevilha". Os poemas emparelhados, com seu claro convite a uma leitura dupla e paralela, funcionam de certo modo como "cartilha muda" (11), uma educação para o leitor que aqui não pode evitar a leitura repetida e o cotejamento de pares semelhantes, que os outros poemas, também em si duplos, requerem de maneira mais discreta. (A primeira edição facilita a leitura dupla dos poemas individuais, pois ali encontramos as duas partes nas páginas opostas do livro aberto.) Este método de composição dupla, e a leitura que exige, destacam ao máximo a referência de cada elemento a outros internos ao poema ou a seu par: um recair ou redobrar-se sobre si mesmo que confere a cada peça uma densidade nova na obra de Cabral. É um método que implica a valorização do espaço gráfico. O movimento de ida-e-volta do olhar percorrendo o texto requer a presença física do poema em sua totalidade (ou do poema mais o seu par). A aparência visual das estrofes quadradas ou retangulares (aqui as estrofes variam de 8 a 16 versos, e os versos de 9 a 13 sílabas)[16] confere uma dimensão semântica ao espaço gráfico: os poemas demonstram a presença sólida que neles se tematiza, em seu impacto visual tão diferente do das colunas esguias de quadras ou estro-

---

14. "Poesia e Composição — A Inspiração e o Trabalho de Arte", p. 2.
15. "La fabrication du sens", termo de Roland Barthes. "L'activité structuraliste", **Essais Critiques** (Paris: Seuil, 1964), p. 219.
16. Quanto ao aspecto visual dos poemas de **A Educação pela Pedra**, ver a tese de Aguinaldo José Gonçalves, **op. cit.**

fes mais longas que compunham as coletâneas anteriores.

"Coisas de cabeceira, Recife" se inicia com uma metáfora, concretizante, em que a memória torna-se um lugar com prateleiras e coisas rotuladas:

COISAS DE CABECEIRA, RECIFE

Diversas coisas se alinham na memória
numa prateleira com o rótulo: Recife.
Coisas como de cabeceira da memória,
a um tempo coisas e no próprio índice;
e pois que em índice: densas, recortadas,
bem legíveis, em suas formas simples.

2.

Algumas delas, e fora as já contadas:
o combogó, cristal do número quatro;
os paralelepípedos de algumas ruas,
de linhas elegantes mas grão áspero;
a empena dos telhados, quinas agudas
como se também para cortar, telhados;
os sobrados, paginados em romancero,
várias colunas por fólio, imprensados.
(Coisas de cabeceira, firmando módulos:
assim, o do vulto esguio dos sobrados). (10)

A tendência que prevalece na linguagem figurada deste poema — dar forma visual e concreta ao invisível ou abstrato — é técnica que, como já se sabe, Cabral há muito vem aperfeiçoando. No espaço metafórico do poema, as lembranças fazem-se coisas, "densas, recortadas / bem legíveis em suas formas simples", ao contrário das lembranças fugidias, parciais, borradas, de memórias menos certeiras e visuais. As coisas lembradas compreendem materiais de construção (tijolos e paralelepípedos) e formas construídas (telhados e sobrados), que remetem ao *fazer* em sua potencialidade ou realização. Estas coisas construtoras ou construídas transformam-se em módulos — palavra que significa medida reguladora de uma obra arquitetônica, e unidade planejada segundo determinadas proporções para que possa formar com outras análogas um todo passível de várias combinações — sugerindo a função tanto de padrão regulador como de parte constituinte que as referências a coisas visuais, sólidas, e nítidas desempenham na poesia de João Cabral. O poema que se quer sólido, pela insistência em sua espacialidade gráfica,

180

de aspecto visual denso, tematiza a memória como lugar de coisas concretas, de solidez construída e arquitetônica, coisas que por sua vez passam a formar módulos para outras construções. A concretização do abstrato e imponderável se redobra no segundo poema do par.

COISAS DE CABECEIRA, SEVILHA

Diversas coisas se alinham na memória
numa prateleira com o rótulo: Sevilha.
Coisas, se na origem apenas expressões
de ciganos dali; mas claras e concisas
a um ponto de se condensarem em coisas,
bem concretas, em suas formas nítidas.

2.

Algumas delas, e fora as já contadas:
não *esparramarse*, fazer na dose certa;
por derecho, fazer qualquer quefazer,
e o do ser, com a incorrupção da reta;
con nervio, dar a tensão ao que se faz
da corda de arco e a retensão da seta;
pies claros, qualidade de quem dança,
se bem pontuada a linguagem da perna.
(Coisas de cabeceira somam: *exponerse*,
fazer no extremo, onde o risco começa). (18)

As expressões ciganas, em sua origem ainda menos corporais que as formas concretas lembradas no poema-par, se condensam metaforicamente em coisas por sua clareza e concisão, realizando assim a ambição materializante de toda a poesia desta coletânea. Cada expressão cigana indica a satisfação do ato construtivo que une a intensidade ao controle, criando mais uma "módulo" para a linguagem poética. A materialidade que se destaca no espaço gráfico e em seu exame repetido que a leitura do par de poemas impõe, se reitera na metáfora duplamente concretizante (expressão verbal — "coisa"; lembrança — "coisa"). A luta com substâncias frouxas ou resistentes às quais é necessário conferir tensão e forma, coloca também em termos materiais a busca do *fazer* que manifesta e define o *ser*.

Em *A Educação pela Pedra* Cabral emprega ainda outras técnicas que destacam em níveis diferentes e complementares a dureza e espacialidade da poesia. Várias delas funcionam no sentido de interromper a sintaxe fluente do movimento temporal-linear do verso.

No próprio uso do verso tradicional, encontramos uma irregularidade dentro de limites fixos no número de versos na estrofe (8 a 16) e de sílabas em cada verso (9 a 13). Nem a acentuação métrica nem a rima predominantemente toante seguem esquemas regulares[17]. Não se tenta criar no leitor a expectativa de que certos sons e ritmos se repetirão segundo um padrão preestabelecido, o que seria dar ao verso uma fluência que o poeta procura justamente evitar. Como obstáculos à fluência nas camadas fônica e semântica figuram as abundantes repetições (e quase repetições) de palavras e fonemas:

> No cimento duro, de aço e cimento... (23)

> Em *situação* de poço, a água equivale
> a uma palavra em *situação* dicionária:
> isolada, *estanque* no poço dela mesma,
> e porque assim *estanque, estancada*;
> e mais: porque assim *estancada muda*,
> e *muda* porque com nenhuma se comunica.
> (26, grifo nosso)

> amarelo aquém do vege*tal*, e se ani*mal*
> de um animal *cobre*: po*bre*, po*dre*mente.
> (33, grifo nosso)

A repetição, nem suave nem melodioso, obstrui o ritmo de leitura, tornando-o mais lento. Para dar mais um exemplo, em "Catar feijão" a repetição da vogal *a* no início e no fim de várias palavras, separa cada palavra da seguinte, obrigando o leitor a considerá-las individualmente:

> a pedra d*á à* frase seu grão mais vivo;
> obstrui a leitura fluviante, flutual,
> a*ç*ul*a a a*tenção, isca-*a* com o
> risco. (22, grifo nosso)

Temos aqui não só um exemplo mas uma justificação da poética do obstáculo. O hiato, repetição de vogais que não podem ser reduzidas a uma única sílaba, geralmente evitado pelos poetas da língua portuguesa para propiciar um verso fluido, figura aqui como recurso

---

17. Benedito Nunes observa em sua análise de "O mar e o canavial": "Seus versos seguem um esquema métrico variável: são diferentes medidas, mas irregulares nos acentos, se consideramos os padrões que seguem e de que repetidamente se afastam. Dir-se-ia que o poeta, visando sempre a esses padrões regulares, desregula-os no momento de utilizá-los". Também salienta a semelhança do esquema métrico com a versificação irregular da poesia pré-renascentista espanhola (**Op. cit.**, p. 132).

18. **Ibid.**, p. 133.

182

expressivo que contribui à contextura descontínua e áspera do poema. Mesmo os neologismos "fluviante" e "flutual" (variações de "flutuante" e "fluvial") chamam a atenção do leitor, levando-o a discriminar as sutis diferenças de significado e som. Examinando as aliterações em outro poema desta coletânea, Benedito Nunes observa que interferem "como *bruitage,* como ruído antimusical, que impede, pelo efeito da sonoridade bruta e sem filtragem, qualquer desenvolvimento melódico do verso"[18]. Funcional sem ser melódica, a camada fônica que rompe a fluência afasta a poesia de Cabral de uma leitura temporal-linear, exigindo uma recepção espácio-temporal.

Outro procedimento que impede o fluir da leitura é a distorção da sintaxe por meio de seqüências não-gramaticais, muitas vezes acarretando a elisão de verbos. Esta técnica figura com proeminência em "Psicanálise do açúcar":

> O açúcar cristal, ou o açúcar de usina,
> mostra a mais instável das brancuras:
> *quem do Recife* sabe direito o quanto,
> e *o pouco desse quanto,* que ela dura.
> Sabe *o mínimo do pouco* que o cristal
> se estabiliza cristal sobre o açúcar.
> (33, grifo nosso)

Ao contrário da linguagem de menos variedade lexical da obra anterior (que nunca, no entanto, chegou a ser pobre neste sentido), *A Educação pela Pedra* exibe um vocabulário rico e diverso: contém palavras pouco usadas, regionalismos ("cambogó", "madapolão", "aniagem"), e neologismos ("ingasto", "fundassentados", "almiabertos", "corpopulenta") que dificultam o fluir da leitura. O acúmulo de substantivos no verso, característica mais insistente desta coletânea que das anteriores, também funciona como obstáculo, tanto por ser técnica de desfamiliarização como por convidar a uma visualização múltipla e laboriosa. Cabral emprega substantivos na posição de adjetivos, muitas vezes ligados por *de* às palavras que modificam: "a vegetação em volta, embora de unhas, / embora sabres", "o rio de ossos de areia, de areia múmia" (9), "timbre de punhal, navalha" (13). Em "O hospital da Caatinga" a metáfora do título se desdobra com o auxílio de uma cadeia de substantivos qualificando substantivos:

183

(Os areais lençol, o madapolão areal,
os leitos duna, as dunas enfermaria,
que o timol do vento e o sol formol
vivem a desinfetar, de morte e vida). (29)

Nos exemplos acima não é irrelevante que os substantivos, além de concretos, refiram-se a objetos duros, acres, ou agressivos. A alusão repetida à solidez e dureza empresta ao poema a ilusão de certo tipo de forma concreta, artifício semelhante ao dos parnasianos e dos modernistas hispano-americanos, que ao mencionarem jóias, superfícies polidas e texturas sensuais, faziam do poema o análogo prestigioso destas substâncias. João Cabral cultiva uma solidez agressiva antes que delicada, de artesanato ou fábrica antes que de joalheria. Como em sua obra anterior, Cabral continua a dar valor aos objetos que se destacam por certas qualidades marcantes: a solidez, a luminosidade, a definição das formas, presentes em qualquer trabalho, quer artístico quer artesanal e em certas substâncias naturais: deserto, água, fogo, brasa, além da *pedra* onipresente.

O poema em *A Educação pela Pedra* se demonstra então concreto por uma série de procedimentos que se sobrepõem e se reforçam mutuamente: o convite à releitura e o destacar da espacialidade gráfica, o apoio em substantivos concretos de qualidade construída, sólida ou agressiva, o emprego insistente de metáforas e símiles que emprestam corpo físico a conceitos abstratos. Estes procedimentos visam à "secura", à suspensão do fluxo da leitura. Remetem tanto no nível literal (do olhar que vai seguindo uma seqüência de palavras) quanto no imagético (do "mundo" de imagens que o poema constrói) a um espaço determinado, cujos componentes é preciso examinar em suas relações internas de partes correspondentes. Esta dependência em relações internas tanto no fazer do poema quanto na apreensão do leitor muitas vezes é exprimida pela metáfora de "fios", os "fios do sol" dos gritos de galo que tecem a manhã (19-20), os "fios de água" que reestabelecem o curso dos "rios sem discurso" (26). Os "fios" do discurso sugerem também a sintaxe lógico-discursiva, tão importante nestes poemas, que propõe, examina, e estende conceitos e imagens, formando assim uma base seqüencial cujo fluir vai sendo de diversas maneiras interrompido. O objeto-poema deste ponto de vista faz-se texto em seu sentido etimológico de tecido, composto de fios interdependentes.

O simbolismo complexo, formado de níveis que se sobrepõem, contribui também para a densidade dos poemas desta coletânea. "Tecendo a manhã" pode servir de exemplo.

TECENDO A MANHÃ

Um galo sozinho não tece uma manhã:
ele precisará sempre de outros galos.
De um que apanhe esse grito que ele
e o lance a outro; de um outro galo
que apanhe o grito que um galo antes
e o lance a outro; e de outros galos
que com muitos outros galos se cruzem
os fios de sol de seus gritos de galo,
para ver que a manhã, desde uma teia tênue,
se vá tecendo, entre todos os galos.

2.

E se encorpando em tela, entre todos,
se erguendo tenda, onde entrem todos,
se entretendendo para todos, no toldo
(a manhã) que plana livre de armação.
A manhã, toldo de um tecido tão aéreo
que, tecido, se eleva por si: luz balão. (19-20)

Na superfície o poema descreve um fenômeno material e imita verbalmente o processo que descreve. Os gritos de galo, causam a intensificação da luz matinal, em metáfora sinestésica complexa (som = luz = tecido). Os galos tecem a teia da manhã e na medida que a luz se intensifica, esta teia toma corpo mais substancial: tela, tenda, toldo. Por fim a manhã perde sua densidade e adquire um ímpeto ascendente: "luz balão". Este subir é acentuado pela rima toante *armação-balão,* que se destaca por conter os dois únicos exemplos deste ditongo no contexto de múltiplos ecos e repetições do poema. Se examinamos a primeira estrofe, encontramos encavalgamentos e elipses ("De um que apanhe este grito que ele / e o lance a outro"), a repetição de *galo,* e uma intercalação repetida de vogais nasais e das consoantes e grupos consonantais *g, gr, tr,* todos procedimentos que fazem com que o padrão visual e sonoro do poema espelhe o plano semântico. A teia de sons e símbolos gráficos, que se vai armando progressivamente, imita o tecer da manhã.

185

Além da descrição de um fenômeno natural por meio de uma estrutura formal que espelha o processo que descreve, o poema pode ser lido como uma espécie de fábula em que a colaboração dos galos representa o esforço conjunto dos homens na criação de uma ordem social e política nova "para todos", "onde entrem todos"[19]. Em mais um nível simbólico que se sobrepõe sem contradizer os demais, o poema apresenta uma parábola do fazer poético. Criado por palavras cuidadosamente entrelaçadas, uma fazendo eco a outra como os gritos dos galos, o poema por fim "plana livre de armação": acaba libertando-se de seus agentes causais. Em "Poesia e Composição", Cabral observa: "Outro aspecto importante que visa o trabalho artístico, a saber, o de desligar o poema de seu criador, dando-lhe uma vida objetiva independente, uma validade que para ser percebida dispensa qualquer referência posterior à pessoa de seu criador ou às circunstâncias de sua criação"[20]. Os dois últimos versos representam este movimento em direção à independência do objeto criado: "A manhã, toldo de um tecido tão aéreo / que, tecido, se eleva por si: luz balão". É interessante notar que no poema são múltiplos os agentes criadores, gritos de galo que se perdem na distância, um reconhecimento talvez da intertextualidade, no sentido da participação de cada obra no espaço discursivo de uma cultura[21].

O simbolismo polivalente de "Tecendo a manhã" é típico em sua densidade dos poemas de *A Educação pela Pedra*. Quer descrevam ações ou cenas, quer objetos ou paisagens, os poemas comentam vários tipos de comportamento psicológico, social e artístico, inter-relacionando-os ou revelando suas contradições.

2. *"Fazer o seco, fazer o úmido"*

Para a criação da "carnadura concreta" do poema convergem, então, várias técnicas que operam nas

---

19. Alice F. L. Cafèzeiro, "A Estruturação Semântica em 'Tecendo a manhã' de João Cabral de Melo Neto", **Revista de Cultura**, Petrópolis, Ano 64, setembro de 1970, volume LXIV, número 7, p. 60.
20. **Op. cit.**, p. 8.
21. Jonathan Culler, **The Pursuit of Signs** (Ithaca: Cornell Univ. Press, 1981), p. 103.

186

camadas fônica, gráfica, imagística e semântica. No entanto, o construtivismo de João Cabral, mesmo nesta coletânea em que se manifesta exacerbado, não forma uma configuração tranqüila nem um todo em equilíbrio. Ao contrário, torna-se vital por suas oposições, seus elementos que em vários níveis se confrontam e às vezes se subvertem. Pode-se dizer que é um construtivismo em luta consigo mesmo, que indaga seus próprios limites. A seguir, vamos examinar alguns destes conflitos mais significativos.

A primeira pessoa está inteiramente ausente nesta coletânea. Os poemas, que evitam a revelação explícita do *eu* tampouco se dirigem à segunda (*tu* e *você*). O *eu* e o *tu*, componentes tradicionais da poesia lírica, vieram aos poucos desaparecendo da poesia de João Cabral. Nesta coletânea (que leva a dedicatória: "A Manuel Bandeira esta antilira para seus oitent'anos") em vez da primeira e segunda pessoas ausentes encontram-se sujeitos impessoais e implicitamente plurais: *se* e o infinitivo ("Para falar de *Yahoos* se necessita..." [32]; "para aprender da pedra, freqüentá-la ..." [11]; "Viver seu tempo: para o que ir viver / num deserto literal ou de alpendres" [31]). É como se o poema convidasse o leitor a participar de ações impessoais mas conjuntas.

A terceira pessoa, designando o mundo de seres, objetos e paisagens que desempenham suas ações simbólicas, ocupa o lugar privilegiado nesta coletânea. Permanece, no entanto, uma tensão: por um lado, o poema como objeto desligado da subjetividade que o originou e também independente da interioridade fictícia normalmente designada pelo *eu* (pois por mais que se origine no escritor torna-se fictícia ao transformar-se em elemento do poema) e, por outro lado, o poema como discurso de uma *persona*. As convenções da poesia lírica, vigentes mesmo no consumo desta antilira, pedem uma leitura onde um dos níveis de significado é a revelação de um *eu*[22]. É neste contexto que as evasões e a reserva da voz narradora devem ser interpretadas. O tom impessoal destaca a atenção voltada sobre objetos e acontecimentos, mas também dificulta a leitura dos poemas, pois o leitor procura com os elementos dados compor um *eu*, descobrir uma relação entre os te-

---

22. **Ibid.**, p. 167.

mas públicos e a voz que os narra. Ao contrário da teoria concretista, que não quer o poema como "intérprete de objetos exteriores e/ou sensações mais ou menos subjetivas"[23], um dos poemas de *A Educação pela Pedra* sugere claramente esta linha de interpretação: "Retrato de escritor" (40) apresenta a escrita como ato reflexivo mesmo quando voltada para assuntos impessoais: "ele se escreve dele, sempre", "ele se passa a limpo / o que ele se escreveu da dor indonésia", "seu auto-escrito". Numa reinterpretação irônica da secura que a sua poesia vem almejando (recorde-se Anfion buscando o deserto), João Cabral propõe neste poema um escritor que de tão seco é insolúvel. A segunda estrofe, no entanto, reconhece que na escrita ele se dissolve. Apesar da ironia implicitamente dirigida a interpretações que buscam "solucionar" a escrita postulando como explicação a subjetividade do escrior, este poema afirma que o escritor ao escrever inevitavelmente se escreve. A água continua, como na obra anterior de Cabral, a aludir à subjetividade e ao lirismo, mas o escritor deste poema se dissolve num líquido nutrido de seu contrário e mediado pela pedra: "seu diamante é líquido" (40).

O efeito da ausência do *eu* na coletânea não é, então, o de eliminar a subjetividade mas o de revelá-la por sua própria obliqüidade. Desvia-se do *eu* e refrata-se sobre os objetos que a terceira pessoa designa. O *eu* se elide mas os objetos falam uma língua humana, como a do mar e do canavial que ensinam e aprendem lições de retórica:

> O que o mar sim aprende do canavial:
> a educação horizontal de seu verso;
> a geórgica de cordel, ininterrupta,
> narrada em voz e silêncio paralelos. (7)

A pedra didática também dá aulas, de dicção, de moral, de poética, e de economia (11). São objetos humanizados que em certo sentido espelham o *eu* ausente.

O poema-título, de uma simplicidade somente aparente, revela as relações complexas entre a voz narradora, o objeto e a linguagem e tem implicações importantes para a poética e a prática da poesia (que nem

---

23. "Plano-Piloto para a Poesia Concreta", **op. cit.**, p. 132.

sempre apontam na mesma direção) de João Cabral. A pedra educa quem a freqüenta:

A EDUCAÇÃO PELA PEDRA

Uma educação pela pedra: por lições;
para aprender da pedra, freqüentá-la;
captar sua voz inenfática, impessoal
(pela de dicção ela começa as aulas).
A lição de moral, sua resistência fria
ao que flui e a fluir, a ser maleada;
a de poética, sua carnadura concreta;
a de economia, seu adensar-se compacta;
lições da pedra (de fora para dentro,
cartilha muda), para quem soletrá-la.

*

Outra educação pela pedra: no Sertão
(de dentro para fora, e pré-didática).
No Sertão a pedra não sabe lecionar,
e se lecionasse, não ensinaria nada;
lá não se aprende a pedra: lá a pedra,
uma pedra de nascença, entranha a alma.

Como em artes poéticas anteriores o poema não só propõe mas faz o que propõe, demonstrando na estrutura formal "sua voz inenfática, impessoal", "sua resistência fria / ao que flui e a fluir", "sua carnadura concreta", "seu adensar-se compacta". Na primeira estrofe, todas as lições da pedra também ensinam poesia, pois dicção, moral, e economia fazem parte de qualquer poética. Numa prolongação irônica da postura romântica e pós-romântica em que o poeta inscreve as "correspondances" (Baudelaire) entre o *eu* e o objeto, a voz narradora coloca-se, assim como coloca ao leitor, na posição hierarquicamente inferior de aluno, e aluno da pedra, o que há no mundo material de mais impassível e incomunicável. A intencionalidade humana que a voz narradora projeta na pedra evidentemente pertence à própria voz narradora, e neste sentido a pedra continua a servir de espelho da subjetividade que a observa. A impessoalidade aparente — a interioridade que se quer ausente não se elimina mas se projeta em objetos — sugere um exame mais minucioso da "voz inenfática e impessoal' da poesia de João Cabral. A figura retórica fundamental neste poema, a prosopopéia, dá vida e voz a coisas inanimadas e a idéias abstratas. Neste sentido, o poeta que aprende da pedra sua voz só aprende o que

189

ele mesmo lhe cede pelo próprio fazer de sua poesia. A impessoalidade na poesia de João Cabral fundamenta-se, então, paradoxalmente, na personificação de objetos e de animais. Este recurso retórico que Cabral já vinha empregando desde *O Cão sem Plumas* e *O Rio* aparece com freqüência nesta coletânea, figurando proeminentemente em pelo menos dois terços dos poemas. A morte dá festas, os rios morrem e discursam, o urubu passa a funcionário público durante a seca, a terra, com seu "hálito sexual" (17) "não cessa de parir" (42), a usina educa o açúcar desde a infância, para mencionar apenas alguns exemplos de um procedimento que ocorre em quase todas as páginas. O *eu* implícito empresta assim voz e atividade humana aos objetos. O narrador que aprende da pedra "sua voz inenfática e impessoal" cede-lhe no ato poético a própria voz com a qual aprende. A prosopopéia, recurso pouco comum na poesia moderna, aparece no entanto em Rilke, em sua lírica sobre objetos, e em poetas que trabalham esta mesma linha, inclusive Francis Ponge. O poeta francês coloca voz narrativa e objetos numa dialética semelhante à de Cabral, em que a coisa humanizada ensina a quem a observa "son caractère muet, sa leçon, en termes quasi moraux. (Il faut qu'il ait un peu de tout: définition, description, moralités)"[24].

Ao empregar a prosopopéia, recurso tradicional da poesia lírica, especialmente a romântica, Cabral no entanto evita uma voz narrativa que se dirigisse diretamente às coisas, em apóstrofes (ó mar, ó canavial, etc.), o que implicaria uma estrutura pronominal *eu-tu* e um falar "de dentro para fora". Em seu lugar, Cabral estabelece uma voz que não se designa diretamente, e indica os objetos na terceira pessoa — "de fora para dentro" — onde no entanto as coisas manifestam um dentro humanizado. A linguagem poética que parece aprender humildemente com a impessoalidade da pedra revela na verdade sua energia pessoal, expansiva e permeável ao personificar o mundo que observa.

Em sua nudez, a pedra ensina a ser e a fazer a pedra. O poeta que põe em prática as lições que recebe, constrói o poema-pedra do qual o leitor, por sua vez, se faz aprendiz, soletrando sua "cartilha muda". Mas este poema, e a poesia que ele define e propõe, não são

---

24. **Méthodes**, p. 37.

tão homogêneos quanto parecem, pois se elaboram a partir de ainda outros termos que se chocam.

Para fazer a pedra, o poeta necessita moldar o material resistente, subordinando-o a seu controle, fazendo-se superior a ele, como a cabra de *Quaderna* "capaz de pedra". "A educação pela pedra" sugere então outro conflito fundamental ao projeto poético de João Cabral: a pedra propõe-se como modelo exemplar de uma ética e uma poesia mas manifesta também aquilo que escapa ao controle exterior e à comunicação, que resiste ser maleado e só fala com o silêncio. Se a pedra é modelo da linguagem poética, em um dos seus significados subjacentes representa o aspecto irredutível e incontrolável da linguagem, que se esquiva à vontade construtora e ao desejo de controle que orienta em outro nível a poética de João Cabral.

A "outra educação" que a pedra oferece na segunda estrofe remete de fato à característica obstinada e opaca da pedra, inacessível à intencionalidade humana: "uma pedra de nascença" "entranha a alma" no Sertão. Na superfície, a pedra se refere às qualidades hostis do ambiente geográfico e social, e à penúria do homem. Em outro nível, porém, se tematiza uma pedra irredutível e tautológica que aparece também num contexto semelhante em "O sertanejo falando":

> o caroço de pedra, a amêndoa pétrea
> dessa árvore pedrenta (o sertanejo)
> incapaz de não expressar-se em pedra. (8)

No mesmo poema, "as palavras de pedra ulceram a boca / e no idioma pedra se fala doloroso" (8). O objeto exemplar da primeira estrofe de "A educação pela pedra" se carrega de conotações negativas sempre que licalizado no Sertão.

A súbita troca de valores com que Cabral já em coletâneas anteriores estendia o alcance de seus símbolos aqui complica o papel da pedra como modelo da poesia. Em sua acepção positiva, a pedra atrai por ensinar a densidade, a resistência, a substancialidade. O material duro, que permite a execução do difícil "fazer contra", mostra o triunfo da vontade de construir. Ainda como aliada da vontade humana, a pedra serve também de arma agressiva, símbolo da linguagem em sua função irônica e satírica:

> Para falar dos *Yahoos* se necessita
> com a boca para pronunciar pedras;
> se pronunciadas, que se pronunciem
> com a boca para pronunciar pedras
> se escritas, que se escrevam em duro
> na página dura de um muro de pedra;
> e mais que pronunciadas ou escritas,
> que se atirem como se atiram pedras. (32)

Em outro tipo de agressão controlada, a pedra dirige a reação do leitor:

> a pedra dá à frase seu grão mais vivo:
> obstrui a leitura fluviante, flutual,
> açula a atenção, isca-a com o risco. (22)

A pedra, por sua própria resistência e dureza, exacerba a vontade de construir, representando assim o controle da linguagem pelo poeta que a domina apesar da oposição que encontra. Mas por outro lado, a pedra demonstra o que na linguagem escapa ao controle e foge à comunicação. Num grau de menor intensidade, a perda da comunicação fácil pode constituir-se em elemento positivo, equivalendo à dificuldade que obriga ao leitor a participar ativamente no consumo da obra, como se sugere em "Para a feira do livro":

> .... apesar de paciente
> (deixa-se ler onde queiram), severo:
> exige que lhe extraiam, o interroguem;
> e jamais exala: fechado, mesmo aberto. (47)

No entanto, se "o fechado" se acentua, a obra torna-se clausura impenetrável, um perigo que se realiza em "Fábula de um arquiteto", onde duas estéticas de arquitetura — e por extensão da poesia — se contrapõem: o "construir o aberto" da primeira estrofe e o "ilhar e prender" da segunda:

> Até que, tantos livres o amedrontado,
> renegou dar a viver no claro e aberto.
> Onde vãos de abrir, ele foi amurando
> opacos de fechar; onde vidro, concreto;
> até refechar o homem: na capela útero,
> com confortos de matriz, outra vez feto. (20-21)

Equivalente a esta arquitetura fechada, a linguagem-pedra que não comunica ("pré-didática"), não espelha, mas sim entranha a alma, e de forma dolorosa, é o lado negativo inerente a esta metáfora para o fazer poético.

192

Outro dos símbolos cabralinos para a linguagem poética, a faca, também nesta coletânea aumenta o seu perigo, subvertendo as afirmações de quem a maneja. Os poemas emparelhados "The Country of the Houyhnhnms" e "The Country of the Houyhnhnms (outra composição)" oferecem um exemplo complexo da indomabilidade agressiva da linguagem. Os dois poemas tomam emprestados personagens e cenário do livro IV das viagens de Gulliver. A interpretação da fala agressiva e da recusa agressiva de escutar, ações principais nos dois poemas, depende desta alusão. O narrador de Swift, ao encontrar no país dos Houyhnhnms os *yahoos*, criaturas selvagens e viciosas, só com muita dificuldade e desgosto os reconhece como seres humanos que refletem seus próprios vícios. A princípio, Gulliver só sente repugnância pelos *yahoos*, que os Houyhnhnms, os cavalos sábios da classe dominante, mantêm em cocheiras. Gulliver procura encontrar nas diferenças superficiais de roupa e higiene entre ele e os *yahoos* nus e imundos, os sinais de uma diferença essencial. Assim, a figura do *yahoo* encerra implicações complexas: representa ao mesmo tempo o "outro" aviltado com quem o *eu* evita identificar-se e um reflexo da própria condição do *eu*. Cabral emprega, então, uma referência de duplo alcance. Nos poemas emparelhados, os *yahoos* fazem parte de uma classe rejeitada, como a dos nordestinos pobres já antes tematizada em sua poesia, cujas condições de vida só podem ser descritas com palavras duras, com o auxílio da ironia e da sátira:

> Para falar de *Yahoos*, se necessita
> que as palavras se rearmem de gume,
> como numa sátira; ou como na ironia,
> se armem ambiguamente de dois gumes. (32)

Mas quando os outros falam, com suas promessas vazias, é preciso não ouvir ("furtar-se a ouvir falar, no mínimo") (27) ou escutá-los sem disfarçar a zombaria:

> ouvir os planos-afinal para os *Yahoos*
> com um sorriso na boca, engatilhado:
> na boca que não pode balas, mas pode
> um sorriso de zombaria, tiro claro. (27)

Tanto a voz narradora quanto aqueles a quem denuncia por sua retórica hipócrita permanecem sem traços particularizantes, e as criaturas que necessitam defesa chamam-se *yahoos*. Apesar das oposições superficiais — por um lado entre aqueles que só devem falar asperamente e aqueles cuja retórica precisa ser rebatida com um silêncio agressivo, e por outro lado, entre os que manejam os dois tipos de retórica (a "dura" e a hipócrita) e as vítimas que ambos procuram "proteger" — a presença dos *yahoos* subverte todas estas divisões. Um dos gumes da "faca de dois gumes" da ironia fere a própria voz que narra o poema. Apesar das múltiplas divisões agressivamente defendidas, de todos os lados estão seres da mesma espécie imperfeita, lição paralela a que Gulliver, para seu desgosto, aprende dos *yahoos*, que se revelam não só indubitavelmente humanos como provavelmente ingleses. A voz narradora que chama as vítimas *yahoos* acusa-se sem apelação de também procurar distanciá-las, de não querer ver as semelhanças que a une a outro desprezado.

A especificidade e a violência do falar e do escutar propostos no poema, e a natureza imprecisa e alusiva dos que falam, dos que escutam, e das vítimas, formam um contraste curioso e revelador. O poema defende com palavras fortes o falar satírico e o escutar defensivo, assinalando agressivamente divisões entre os seres humanos, mas a maneira de dizer subverte o que o poema está dizendo. O ato de denominar *yahoos* os seres aviltados borra a divisão entre agressor, defensor e vítima, e afirma que quem pertence a uma destas categorias pertence sempre às outras também.

Os níveis do discurso que se opõem tão claramente neste poema exemplificam um procedimento característico em *A Educação pela Pedra* — o trabalho com estruturas complexas e conflitivas onde nem todos os elementos apontam na mesma direção, mas antes se cruzam, se confrontam, e até se contradizem. A pedra, simbolizando ao mesmo tempo a resistência que incentiva a vontade construtiva, e o irredutível e intratável que não se deixa moldar, justifica-se como o modelo apropriado para a linguagem complexa desta coletânea.

A pedra como a imagem principal para a linguagem poética merece ser examinada em ainda outras conotações. Ao contrário da faca, a pedra pertence ao mundo natural, anterior e alheia ao ser humano. Possui as qualidades que desde *O Engenheiro* vem sendo apontadas como admiráveis — a solidez, a resistência, a dureza, e a contensão — mas também causa a dor, rebate o controle, e exclui com a sua auto-suficiência. Como assinala Bachelard, "dans l'ordre de la matière le *oui* et le *non* se disent *mou* et *dur*. Pas d'images de la matière sans cette dialectique d'invitation et d'exclusion"[25]. A pedra, o duro por excelência, retém este poder de exclusão ao mesmo tempo que provoca o desejo de dominá-la. Com implicações bem diferentes das da faca — utensílio criado por e para o homem, que aumenta a sua força e trabalha com precisão — a pedra conota uma agressão menos exata e menor obediência à intenção de quem a controla. Num certo sentido, porém, a pedra prolonga a *faca;* como já se dizia em *Uma Faca só Lâmina;* "faca ou qualquer metáfora / pode ser cultivada" (189). Também a faca só lâmina já demonstrava uma ambigüidade fundamental pois transmitia a procura e a execução da precisão e da clareza (conceitos que se repetem em *Serial* nos poemas sobre Marianne Moore e Francis Ponge, poetas-cirurgiões) mas com um instrumento de duas lâminas, voltado para fora e atingindo também quem o maneja. Cabral ao tomar como base para *Uma Faca só Lâmina* as disjunções entre termo comparado e termo comparante, entre imagem figurada — por extensão, a própria poesia — e a "realidade, / prima e tão violenta / que ao tentar apreendê-la / toda imagem rebenta" (199), começava a indagar os conflitos sobre os quais se funda toda a poesia, propósito que *A Educação pela Pedra* retoma e intensifica.

No nível temático, a organização binária também favorece a investigação de conflitos e contrários. Cabral continua a trabalhar com temas que já antes se opunham, como por exemplo os graus de aproximação e mesmo assimilação entre o homem e o ambiente que o cerca, ou entre um e outro ser humano, e as distâncias que os separam. Numa poesia que privilegia a observação do mundo espacial e concreto, encontra-se, em contradição significativa, o tema da percepção sensorial impedida. Não olhar, não ouvir, não falar, implicam uma realidade política e social mutiladora, ou dolorosa demais para ser percebida, e também os efeitos truncantes da censura. Em "The Country of the Houyh-

---

25. Gaston Bachelard, **La terre et les rêveries de la volonté, op. cit.**, p. 18.

195

nhnms" e seu par, seria melhor não ouvir a falsa retórica dos outros; em "A cana-de-açúcar de agora" a cana se esconde, "se resguarda ela, na palha saia / para não ver o que vai por perto" (30). O discurso dos "rios sem discurso" (26) corta-se e só com dificuldade se reata. O sol agride em "O sol em Pernambuco", pois obriga a ver: "revela real a terra / tiro de inimigo" (35). Não só a percepção sensorial como também os poderes mentais se encontram tolhidos. A Caatinga em "Bifurcados de 'Habitar o tempo' " "ata a imaginação; não a deixa livre, / para deixar-se, ser; a Caatinga a fere / e a idéia-fixa: com seu vazio em riste" (31). Numa leitura metalingüística desta contradição entre o lugar de destaque dado à percepção como instrumento na criação e no consumo da poesia e a insistência na percepção sensorial impedida, pode-se inferir uma linguagem poética que questiona sua própria capacidade e mesmo a utilidade de "dar a ver".

Justamente na fase em que Cabral mais evita a primeira pessoa, "Retrato de escritor", como vimos acima, afirma que toda escrita é em última análise uma auto-escrita. Em outro contraste interessante, nesta coletânea, que intensifica o culto ao construtivismo, ao poeta que monta seus objetos sólidos com suas técnicas precisas, "Na Baixa Andaluzia" propõe outra visão da criatividade, que desde *O Engenheiro* vem sendo negada, reprimida, mas que sempre reaparece:

NA BAIXA ANDALUZIA

Nessa Andaluzia coisa nenhuma cessa
completamente, de ser da e de terra;
e de uma terra dessa sua, de noiva,
de entreperna: terra de vale, coxa;
donde germinarem ali pelos telhados,
e verdadeiros, jardins de jaramago:
a terra das telhas, apesar de cozida,
nem cessa de parir nem a ninfomania.
De parir flores de flor, não de urtiga:
os jardins germinam sobre casas sadias,
que exibem os tais jardins suspensos
e outro interior, no pátio de dentro,
e outros sempre onde da terra incasta
dessa Andaluzia, terra sem menopausa,
que fácil deita e deixa, nunca enviúva,
e que de ser fêmea nenhum forno cura.

2.

A terra das telhas, apesar de cozida,
não cessa de dar-se ao que engravida:
segue do feminino; aliás são do gênero
as cidades ali, sem pedra nem cimento,
feitas só de tijolo de terra parideira
de que herdam tais traços de femeeza.
(Sevilha os herdou todos e ao extremo:
a menos macha, e tendo pedra e cimento). (42)

Em contraste com a criação intelectual, calculada, que
constrói objetos sólidos, a criação aqui leva a marca da
feminidade: a geração fácil, física, da terra fértil (versão mole da pedra, abrandada pela água). Não o criar
contra, em condições adversas, mas o criar que se dá,
como a entrega sexual, gerando plantas. O adjetivo que
modifica a Baixa Andaluzia indica certamente o lugar
hierarquicamente inferior deste tipo de geração. A Andaluzia, mulher que "deita e deixa", que "nem cessa
de parir, nem a ninfomania", se apresenta como porta-
dora de uma espécie de doença ("que de ser fêmea nenhum forno cura"). Esta figura encarna uma admiração um pouco horrorizada para com a criação desre-
grada e sem contenção, que no entanto surte resultados
positivos: "De parir flores de flor e não de urtiga / os
jardins germinam sobre casas sadias".

O criar "baixo", físico e não mental, reflete no entanto a teoria romântica da poesia como forma orgânica, dependente da inspiração, a que Cabral se refere
em seu ensaio "Poesia e Composição: A Inspiração e
o Trabalho de Arte", usando metáforas vegetais para
descrevê-la: "Os poemas neles [nos poetas que criam
inspirados] são de iniciativa da poesia. Brotam, caem,
mais do que se compõem"[26]. Analisamos acima a rejeição da poesia-planta, poesia-flor, em "Fábula de Anfion" e "Antiode". O controle a que o poeta que busca "construir a sua literatura"[27] aspira, segundo Cabral
no mesmo ensaio, "pode fornecer do homem que escreve uma imagem perfeitamente digna de ser que dirige sua obra e é senhor de seus gestos"[28], contraste ví-
vido com a criação feminina, pouco digna porém vital
em "A Baixa Andaluzia". Na coletânea em que Cabral
mais se afasta do processo de criação que "A Baixa An-

26. **Op. cit.**, p. 2.
27. **Ibid.**, p. 6.
28. **Ibid.**, p. 11.

197

daluzia" metaforicamente evoca, este poema o reafirma com toda sua força ambivalente. Nos deparamos também com um caso, de extremos que se tocam. Se bem que de uma maneira menos óbvia e bastante diversa do descontrole espontâneo e prolixo da "A Baixa Andaluzia", a criação mediada pela pedra defronta-se com os limites ao controle artístico, pois a linguagem-pedra refrata e resiste à intencionalidade do construtor.

Em *A Educação pela Pedra,* onde se expõe tão claramente o trabalho construtivo — a composição binária e a "carnadura concreta" de cada poema, as composições emparelhadas, a disposição antitética de paralelismos e contrastes verbais — ao mesmo tempo apagamse os contornos das configurações bem definidas e luta-se contra os limites rígidos por eles impostos. A reavaliação da qualidade e do alcance da linguagem poética faz parte de uma reavaliação de temas, imagens, símbolos, voltada para um exame autocrítico de seus limites. A sintaxe intrincada, os neologismos, a contextura densa dos poemas, os aproximam ao "barroco mil folheiro / da mangueira matriarca, corpopulenta", metáfora para os contornos da fumaça na região da Mata em "A fumação no sertão" (10) mais que ao "empinarse essencial, unicaule" da fumaça nas terras secas e da construção poética despojada das coletâneas anteriores de João Cabral. Se, como sugere Borges, o barroco "é aquele estilo que deliberadamente esgota (ou quer esgotar) suas possibilidades", que "exibe e dilapida seus meios"[29], o estilo de *A Educação pela Pedra* contém traços barrocos.

Na próxima coletânea, *Museu de Tudo* (1975), Cabral continua a avaliar de maneira crítica sua prática poética estabelecida. Até o "fazer artístico" se contesta em "Um artista inconfessável": "Fazer o que seja é inútil. / Não fazer nada é inútil. / Mas entre fazer e não fazer / mais vale o inútil do fazer"[30]. Em outro poema, que define a insônia de M. Teste, o monstro de suprema capacidade intelectual que imagina Valéry, a lucidez aparece como mentira:

---

29. Jorge Luis Borges, "Prólogo a la edición de 1954", **Historia universal da la infamia** (Buenos Aires: Emecé, 1954), p. 9. Minha tradução.
30. **Museu de Tudo** (Rio de Janeiro: José Olympio, 1975), p. 30.

A insônia de M. Teste

Uma lucidez que tudo via,
como se à luz ou se de dia;
e que, quando de noite, acende
detrás das pálpebras o dente
de uma luz ardida, sem pele,
extrema, e que de nada serve:
porém luz de uma tal lucidez
que mente que tudo podeis [31].

Lançar dúvida sobre a lucidez é, no entanto, ainda uma busca de lucidez. O próprio M. Teste de Valéry faz uma observação aplicável ao intelectualismo exacerbado de Cabral: "De quoi j'ai suffert le plus? Peut être de l'habitude de développer toute ma pensée — d'aller jusqu'au bout en moi"[32]. Até em sua autocrítica, Cabral prolonga seus efeitos, métodos, e preocupações poéticas, na medida em que encontra neles mais um aspecto antes oculto. Ao desvendar o lado opaco, escorregadio ao controle da criação poética, ao questionar a objetividade racional e o construtivismo que nela se fundamenta, aprofundando-se no exame de suas próprias contradições, *A Educação pela Pedra* demonstra um "fazer no extremo, onde o risco começa".

---

31. **Ibid.**, p. 5.
32. Citação feita por Peter Rickard, na sua introdução a **Fernando Pessoa: Selected Poems** (Austin: University of Texas Press, 1971), p. 48.

8. "DE ARMAS E ALMA EM RISTE":

MUSEU DE TUDO E *ESCOLA DAS FACAS*

Com *Museu de Tudo* (1975) e *Escola das Facas* (1980), o "fazer poesia com coisas" de João Cabral continua em seu processo de transformação. Este dois livros bastante diferentes entre si modificam a poética cabralina não tanto por introduzir termos novos mas por dispor em outras conjugações os que já existiam. O repertório de imagens e seu funcionamento literal e simbólico, antes estabelecidos, aqui muitas vezes entram em cena para apresentar dramas semelhantes. Além desta "marca de fábrica"[1], as duas últimas coletâneas têm em comum a retração do construtivismo denso de *A Educação pela Pedra*, a volta a poemas, muitos deles breves, de versos mais curtos (oito sílabas, em geral), e o retorno ao *eu* e a um lirismo mais explícito se bem que sempre reticente. Até aí as semelhanças; vejamos

---

1. João Cabral de Melo Neto, em resposta à pergunta de Rubem Braga. Entrevista publicada no caderno "Domingo". **O Globo,** 16 de novembro, 1975, p. 2.

os novos rumos que abre cada livro na poética concreta de João Cabral.

Museu de Tudo, além de ampliar o alcance geográfico — apresenta lugares africanos assim como nordestinos e espanhóis — possui um aspecto antológico. Recapitula estilos anteriores em quatro poemas datados de 1946 a 1963. O museu do título remete, por outro lado, ao fazer alheio: 35 dos 80 poemas tematizam escritores diversos, o cante flamenco, e artistas plásticos. Este fazer de "outro" em parte reitera as preferências estéticas de João Cabral. Em "Anti-Char", por exemplo, a obra do poeta francês representa a "poesia intransitiva", que não sabe dirigir sua violência a um objeto exterior e atingir a coisa (e o leitor?) como um tiro ao alvo:

> Poesia intransitiva,
> sem mira e pontaria:
> sua luta com a língua acaba
> dizendo que a língua diz nada.
>
> É uma luta fantasma,
> vazia, contra nada;
> não diz a coisa, diz vazio;
> nem diz coisas, é balbucio. (MT 58) [2]

Outros poemas contêm denúncias ainda mais severas e chamativas. "Retrato de poeta", acusa a poesia que "apenas joga / com o fácil, como vigarista", e que "certo há de ser escrita / a partir de latrinas / e diarréias propícias" (MT 10). Em "Rilke nos *Novos Poemas*", o elogio ao poeta que soube "preferir a pantera ao anjo, / condensar o vago em preciso" contém uma crítica implícita a um Rilke anterior, que pratica uma estética falha equivalente a vício sexual:

> Nesse livro se inconfessou:
> ainda se disse, mas sem vício.
> Nele, dizendo-se de viés,
> disse-se sempre, porém limpo;
> incapaz de não se gozar,
> disse-se, mas sem onanismo. (MT 55)

A poesia que não diz a coisa (Char) ou que se diz abertamente (um Rilke anterior aos *Novos Poemas)* se en-

---

2. Ao correr deste capítulo, os números que se seguem a MT remetem às páginas de **Museu de Tudo** (Rio de Janeiro: José Olympio, 1975); os precedidos de EF indicam **Escola das Facas** (Rio de Janeiro: José Olympio, 1980).

cerra num circuito fechado que implica, segundo Cabral, a perda do sentido ("balbucio") e da comunicação ("onanismo"). O Rilke de *Novos Poemas* oferece uma solução que a antilira cabralina há muito tempo vem trabalhando: o dizer-se "de viés", "sem vício". A metáfora sexual manifesta a carga de negatividade e proibição que marca o dizer-se lírico na obra de João Cabral.

Outros escritores, alguns inteiramente exemplares, apóiam as opiniões estéticas do próprio autor, como Quevedo, que mostra "o que fazer é engenho" (MT 52). Encontramos também uma certa simpatia para com estilos totalmente diversos do que pratica João Cabral, como no elogio a Gilberto Freyre (MT 37).

Numa entrevista de 1980 Cabral explica a experiência nova que em parte dirige a composição de *Museu de Tudo*: "eu queria saber se era possível fazer uma poesia crítica, pois eu sou um antilírico, e me considero mais crítico que poeta. Então eu fiz uma quantidade muito grande de poemas sobre pintores e escritores"[3]. Como sempre, em cada nova experiência poética, João Cabral indica ao leitor um (ou vários) caminhos de interpretação. Em "A Selden Rodman, antologista", Cabral abre o jogo de seu próprio "buscar-se entre o que dos outros":

> Há um contar de si no escolher,
> no buscar-se entre o que dos outros,
> entre o que os outros disseram
> mas que o diz, mais que todos
> (como, em loja de luvas,
> catar no estoque todo,
> a luva sósia, essa luva única
> que o calça só, melhor que os outros). (MT 79)

O dizer-se indiretamente, em que esta coletânea tanto insiste, não importa pelos eventuais pontos de contato com a biografia de João Cabral, mas por seu papel fundamental como eixo estruturante desta lira-antilírica. A interioridade que se manifesta ao se retrair não deixa nunca o leitor esquecer que a recepção da poesia lírica requer a apreensão da voz narradora como subjetividade participante no mundo que o poema pretende "dar a ver" (MT 96).

---

3. João Cabral de Melo Neto, entrevistado por Benício Medeiros. "João Cabral, nu e cru": **Isto É**, 5/11/1980, p. 53.

O relevo dado à produção artística, além de permitir o definir-se contra ou por meio de outros, também faz parte da autocrítica que se acentua em *Museu de Tudo*. É como se a observação do fazer alheio se destinasse a sustentar a vontade de criar, que só por pequena margem vence a abulia do "não fazer", como revela "O artista inconfessável":

> Fazer o que seja é inútil.
> Não fazer nada é inútil.
> Mas entre fazer e não fazer
> mais vale o inútil do fazer.
> Mas não, fazer para esquecer
> que é inútil: nunca o esquecer.
> Mas fazer o inútil sabendo
> que ele é inútil, e bem sabendo
> que é inútil e que seu sentido
> não será sequer pressentido,
> fazer: porque ele é mais difícil
> do que não fazer, e dificil-
> mente se poderá dizer
> com mais desdém, ou então dizer
> mais direto ao leitor Ninguém
> que o feito o foi para ninguém (MT 30)

O artista inconfessável, que não pode ou não deve confessar-se, no entanto confessa dúvidas que atingem fundo à prática cabralina de dar valor incontestável ao fazer como maneira de assegurar a comunicação. Mesmo o construir fechado de *A Educação pela Pedra* se justifica por impor obstáculos que incentivam a leitura atenta. Em "O artista inconfessável", em circuito problemático que faz lembrar a "Fábula de Anfion", dissipa-se tanto o otimismo construtor quanto a crença numa provável comunicação com o leitor. A desilusão que se manifesta nesta defesa do fazer desenganado e hostil figura também em "Díptico" (MT 15) e "No centenário de Mondrian" (MT 16), que lamentam a dificuldade de manter a construção lúcida e concreta. O poema-título, em severa autocrítica, acusa o livro no qual se inclui de não alcançar o nível desejado de estruturação:

> Assim, não chega ao vertebrado
> que deve entranhar qualquer livro:
> é depósito do que aí está,
> se fez sem risca ou risco. (MT 3)

Será justa esta autocrítica? Em que consiste a ausência do "vertebrado" neste livro? O recapitular de etapas prévias da poética cabralina, somado à crítica da criação de outros e ao tema repetido do desânimo no fazer, têm como resultado uma falta de unidade. *Museu de Tudo* propõe, debate e demonstra várias artes poéticas. Ao contrário de *A Educação pela Pedra*, que leva às últimas conseqüências uma certa visão da poesia, e atinge o "fazer no extremo, onde o risco começa", aqui não há uma concepção única e estruturadora, e se confessa que o livro "se fez sem risca ou risco". É, no entanto, interessante examinar as várias visões de fazer poético que ressurgem ou se inauguram.

Prosseguem intactos vários dos ideais poéticos de antes. *Museu de Tudo* continua a elogiar os dois tipos positivos de composição que Cabral há muito vem definindo. De um lado, o fazer claro que observa objetos concisos, de corte agudo, ácidos, ou em brasa viva, cujas qualidades a composição poética busca incorporar, em criação que se nutre da tensão e do desafio. De outro lado, um fazer duro, que almeja a claridade do cristal ou do diamante, mas se contenta com a densidade da pedra e aprecia também uma solidez mais tosca, como a das máquinas da gravadora Vera Mindlin "com sua aparência grosseira, / compacta (e todavia grávida), / com o basto e o peso do metal" (MT 62). "Resposta a Vinícius de Morais" propõe, em lugar do diamante inacessível, pedra ou metal que possuem impacto semelhante:

> com a pedra, a aresta, com o aço
> do diamante industrial, barato,
> que incapaz de ser cristal raro
> vale pelo que tem de cacto. (MT 43)

Os dois ideais do fazer — o claro e o duro — se tematizam muitas vezes pelo lado do insucesso, ou pelo menos com consciência da imensa dificuldade do construir "aceso e extremo" (MT 53). "No centenário de Mondrian", se invoca o pintor holandês — a quem a voz narradora se dirige na segunda pessoa, sublinhando o tom de apelo pessoal — como modelo máximo do construtivismo lúcido. A voz narradora necessita o exemplo de Mondrian ou para esmorecer seu esforço inútil, para apagar "na alma a luz, / ácida, do sol de dentro" ao mostrar-lhe "o impossível / que é atingir teu extremo" (MT17), ou para reanimar-lhe a vontade de construir:

> Só essa pintura pode,
> com sua explosão fria,
> incitar a alma murcha,
> de indiferença ou acídia,
>
> e lançar ao fazer
> a alma de mãos caídas,
> e ao fazer-se, fazendo
> coisas que a desafiam. (MT 19)

As duas partes do poema, rotuladas "1 ou 2" e "2 ou 1" revelam a dialética característica desta coletânea entre o esforço desalentador e a renovação do ânimo. A numeração indeterminada e reversível sugere que o processo é repetido e a preponderância de uma ou outra atitude, variável. O poema, dividido em duas partes paralelas e equilibradas de 12 estrofes cada uma, é composto de quadras de versos curtos (6 a 7 sílabas) de rima geralmente assoante. Cada parte contém uma única frase, que se prolonga com repetidas construções anafóricas, mantendo no entanto uma expressão de absoluta clareza. Em sua composição precisa, e em sua imagística, onde os conceitos de solidez, dureza, polimento, agudeza, e lucidez, se cruzam e interpenetram com agilidade, o poema indica que apesar do desânimo tematizado os recursos do "construir claro" cabralino continuam a atuar com a maior eficácia. Este fazer, ao apontar para as dificuldades de sua própria criação prova pertencer à raça do almejado *fazer contra,* que se afirma pela agressão e pelo risco.

Mas a lucidez construtora não prevalece em *Museu de Tudo* sem contestação ainda mais radical. Em páginas opostas do livro aberto encontramos dois poemas que se confrontam em contradição explícita. "Acompanhando Max Bense em sua visita à Brasília, 1961" (MT 4) elogia a "filosofia mineral" do pensador alemão, "toda esquadrias / do metal-luz dos meios-dias". A lucidez nítida do comentário de Max Bense, que ao visitar Brasília "a vai dizendo", constrói o "edifício do que ele dizia", que o *eu* do poema por sua vez visita. Na página oposta, no entanto, "A insônia de Monsieur Teste" lança em dúvida a utilidade da lucidez extrema. Encarnada no intelectualismo hiperbólico e torturado do personagem de Valéry, a lucidez chega a propiciar engano megalomaníaco, pois "mente que tudo podeis" (MT 5).

Vemos então que o fazer racional se contesta tanto pela inacessibilidade de sua produção difícil quanto pela possível ilusão da lucidez extrema. Encontramos também em relevo em *Museu de Tudo* a análise das funções múltiplas do *desfazer*. Em "Exposição Franz Weissmann" Cabral apresenta o escultor brasileiro numa nova etapa da criação, que acarreta "uma explosão no edifício de uma escultura cuja função / fora sempre fazer da pedra cristal / no método de um escultor cujo gosto foi / sempre o perfil claro e solar" (75). O trabalho de Weissmann nesta etapa consiste em destrabalhar a matéria:

> já não mais para refinar o grão grosso que tem o
> gesso e a estopa em seu pobre estado
> industrial mas sim destrabalhando-os para devolvê-los
> ao estado de fibra desgrenhada e de calcário bruto
> que tiveram em seu dia original. (MT 76)

É um trabalho que implica violência e destruição: "neste destrutivista Weissmann que não só martiriza a matéria mas tenta estraçalhá-la e destruí-la submetendo-a à explosão dessa fúria em que ele habita ou que nele habita nestes dias" (MT 76). Cabral interpreta esta violência destrutiva como uma etapa transitória pela qual passa o processo construtivista do escultor:

> ...antes mesmo de que pouse de todo
> o pó desta explosão
> estará Weissmann
> com toda essa caliça e essa sucata
> de volta às construções de razão como as antes
> das que irradiam em torno
> o espaço de um mundo de luz limpa e sadia
> portanto
> justo. (MT 77)

O exemplo Weissmann representaria para Cabral então o *desfazer* a serviço do *fazer*, que levaria o escultor "de volta às construções de razão", de uma lucidez que implica uma moral positiva (limpeza, saúde, justiça). No entanto, no início do poema Cabral tece hipótese sobre o que teria levado Weissmann a sua atual explosão da forma e sugere um sentido mais radical para este desfazer:

> eis que Weissmann passou pela Índia e por trópicos
> mais estentóricos do que os de seu planalto
> brasileiro e nos quais as coisas se multiplicam
> em milhares de mais coisas e se esparramam
> por excessos repetidos de si mesmas
> eis que o teatro de tanto demais de coisas e de
> matéria túrgica parece ter levado Weissmann a
> duvidar se a realidade pode vir a ser já não
> digo cristalizada mas simplesmente domada e a
> duvidar se a atitude do homem diante da
> realidade não estará melhor em aprofundar a
> desorganização nativa dela do que impor-lhe
> qualquer organização. (MT 75)

As coisas que multiplicam, se esparramam, e se repetem, lembram as imagens e formas verbais de *A Educação pela Pedra,* onde os poemas duplos e emparelhados apresentam um mundo que se ramifica e se espelha, transmitido pela palavra-pedra que o poeta reconhece evadir o seu controle absoluto. As dúvidas sobre o poder da razão em domar ou cristalizar a realidade e a linguagem já minava sutilmente o projeto construtivista de *A Educação pela Pedra.* Naquela coletânea, à descoberta atribuída neste poema a Weissmann, de que a realidade não se deixa cristalizar ou domar pela intencionalidade construtora, se soma a do próprio Cabral de que tampouco a palavra-pedra se deixa malear ou subjugar inteiramente. O trecho de "Exposição Weissmann" citado acima dá a entender, e a nova poética de *A Educação pela Pedra* também parece sugerir, que o desfazer não é apenas uma etapa que acaba favorecendo a construção mas sim característica de uma força oposta que a subverte. O conflito entre um desfazer que lança dúvidas sobre o fazer racional, e o fazer racional que absorve e ultrapassa o desfazer, apenas se insinua neste poema, pois Cabral prediz que Weissmann irá superar a etapa destrutiva e voltar às "construções de razão". Na obra do próprio Cabral, este mesmo conflito permeia *Museu de Tudo.* A investigação de tipos de criação artística diversos e contraditórios, a recapitulação de etapas anteriores da poesia cabralina, assim como a tematização insistente do fazer desalentado e insuficiente, compõe um conjunto de poéticas que implicitamente se criticam e se contestam umas às outras.

Outro poema de *Museu de Tudo*, "O Espelho Partido", também propõe o desfazer como processo inerente ao ato construtivo, por meio de uma metáfora nova na obra de João Cabral: o câncer, desagregação maligna e subversiva oculta no cerne do construir. Na primeira parte do poema o câncer serve de metáfora para a obra como objeto verbal e também para a autodestruição que obra e escritor compartilham.

1. A morte pôs ponto final
   à árvore solta do jornal —
   romance pelo autor previsto
   como câncer não como quisto.

   Como câncer: signo da vida
   que multiplica e é destrutiva,
   câncer que leva outro mais dentro,
   o câncer do câncer, o tempo. (MT 72)

"Signo da vida que multiplica e é destrutivo", o câncer metaforiza a obra narrativa que se expande com vigor e autonomia, destruindo talvez os planos prévios do autor para o rumo que seu trabalho deveria tomar. A metáfora que indica um crescimento viçoso e benigno — "árvore solta" — logo se transforma no esgalhar-se maligno do câncer. Marques Rebelo aceita o aspecto da composição que escapa a planos preconcebidos, pois previu o seu jornal-romance "como câncer não como quisto". Em que consiste, então, a malignidade destrutiva da metáfora principal? "O Espelho Partido", título geral da longa obra planejada por Marques Rebelo como seis romances, em forma de diário fictício escrito por um suposto escritor carioca, ficou inacabada, com somente três dos volumes publicados, na ocasião da morte do autor em 1973. No poema de João Cabral a negatividade amedrontadora do câncer transmite um reconhecimento da falta de controle do escritor sobre a evolução do seu trabalho e também sua incapacidade, se quiser continuar ativo até o fim, de pôr o ponto final em sua obra, direito esse que a morte possui. "A vida / que multiplica e é destrutiva" afeta então de formas diversas obra e escritor. Está presente em nível de enredo na obra de Marques Rebelo, se manifesta também no esgalhar-se prolongado de seus romances, e ainda na morte do autor, que vem extinguir o multiplicar-se de suas ficções. Obra e autor coexistem no tempo e ambos sofrem seu poder aniquilador. O romancista, que manipula e espelha o passar do tempo em sua série de romances, não se exime do contágio deste "câncer do câncer", que o vem a destruir.

A parte 2 do poema examina por outro lado a metáfora criação-câncer.

> 2. Marques Rebelo compreendeu
> na criação as leis do câncer:
> a tensão do que se faz, entre
> fazer e desfazer, pró e anti.
>
> E não só nesse esgalhamento
> com que ele se faz destruindo,
> mas ao redestilar, do câncer,
> o ácido de um sim negativo. (MT 72)

A tensão entre o fazer e o desfazer remete tanto ao compôr que se acrescenta e se corta em progressivas revisões quanto à criação que nem sempre consegue se afirmar, e se anula no "anti" do não fazer. A metáfora do câncer sugere ainda — e com implicações radicais para a poesia cabralina — a criação artística como a instituição não de um objeto estável, sólido, e equilibrado, mas de um todo em conflito, talvez em autocontradição, por conter elementos que o subvertem. "Um sim negativo": uma obra que se nega, um crescer que se destrói.

O poema-epígrafe de *Escola das Facas* dá continuação à metáfora escrita-câncer. Em "O que se diz ao editor a propósito de poemas" esta doença tão temida sublinha com ironia autodepreciativa a força autônoma e maligna da poesia. Por mais cirurgião ou mesmo agente funerário que o poeta se faça, seu controle é bastante limitado:

> Eis mais um livro (fio que o último)
> de um incurável pernambucano;
> se programam ainda publicá-lo,
> digam-me, que com pouco o embalsamo.
>
> E preciso logo embalsamá-lo:
> enquanto ele me conviva, vivo,
> está sujeito a cortes, enxertos:
> terminará amputado do fígado,
>
> terminará ganhando outro pâncreas;
> e se o pulmão não pode outro estilo
> (esta dicção de tosse e gagueira),
> me esgota, vivo em mim, livro-umbigo.

Um poema é o que há de mais instável:
ele se multiplica e divide,
se pratica as quatro operações
enquanto em nós e de nós existe.
Um poema é sempre, como um câncer:
que química, cobalto, indivíduo
parou os pés desse potro solto?
Só o mumificá-lo, pô-lo em livro. (EF 6)

"O potro solto", metáfora semelhante ao "cavalo solto, que é louco" que descrevia a flauta de Anfion (327), propõe uma visão da poesia diametralmente oposta à da lúcida construção. Mais uma vez ressurge o pólo reprimido da dialética da composição cabralina — a poesia como ser vivo, voluntarioso, e alheio ao controle do poeta — que ameaça a criação racional. O poeta não opera sobre material inerte mas sobre substância orgânica, vital, com intencionalidade própria. Entre poeta e poema se estabelece uma luta pelo poder: qual dos adversários conseguirá subjugar o outro? Se o poeta é cirurgião, a poesia é câncer, dotada de um crescimento orgânico devastador que se alastra até que a publicação do poema o faça cessar. Esta metáfora afirma o controle insuficiente do criador sob uma luz irônica mas também chocantemente negativa. O poeta, por um lado, não se identifica com o câncer-poema. Com a objetividade do cirurgião ele o manipula, cortando, enxertando, amputando. Mas ao mesmo tempo, poema e poeta se relacionam intimamente: "enquanto ele [o poema] me conviva, vivo", "me esgota, vivo em mim", "livro-umbigo". O câncer sobre o qual o poeta-cirurgião opera esgota o poeta-doente, o "incurável pernambucano". Em transformação fundamental, o poeta construtor ou cirurgião, ambas metáforas estabelecidas e repetidas na obra de Cabral, aqui se subvertem e ironizam. Francis Ponge e Marianne Moore, poetas-cirurgiões, voltados para o mundo concreto, operavam tranqüilamente "a coisa" (*Serial*, 58-59). Aqui o poeta confere cuidados médicos a seu poema-câncer cuja vida antropomórfica e independente tanto prolonga quanto ameaça sua própria vida. Este poema desdobra até a paródia certas imagens previamente estabelecids na poesia cabralina, e propõe uma crítica que atinge fundo a poesia vista como composição racional.

Uma novidade notável em *Escola das Facas* é o tom memorialístico: todos os poemas tematizam Pernambuco e vários deles evocam a infância na primeira pessoa ("Menino de Engenho", "Autobiografia de um só dia", "Prosas da maré na Jaqueira", "A imaginação do pouco"), na primeira pessoa do plural ("Horácio"), ou com mais reserva, na terceira pessoa ("Tio e sobrinho", "Descoberta da literatura"). Esta afirmação do *eu* como elemento dominante já se encontra em "O que se diz ao editor a propósito de poemas", onde o fazer é colocado como atividade eminentemente pessoal. As recordações infantis acarretam uma revalorização explícita do eixo *eu*-objeto, pois o objeto, ou "caso", ou ser humano, se escolhem por ser de importância íntima para o *eu*. A lírica cabralina, no entanto, continua "anti" até certo ponto. A presença do *eu*-lírico não é estável: a estrutura pronominal dos poemas varia do *eu-tu*, a uma voz que não se nomeia e só se define através daquilo que diz do objeto apresentado na terceira pessoa. A tensão lira-antilira[4], sempre essencial na poesia de João Cabral, manifesta-se neste *eu* instável que de poema a poema aparece e outra vez se retrai.

"Menino do Engenho", o poema inicial da coletânea, define uma relação *eu*-objeto instaurada por uma espécie de contágio violento, que também rege a conexão dos objetos entre si. A faca cabralina, em nova encarnação, faz-se foice que corta a cana. E a cana, por sua vez, transforma-se em faca:

> A cana cortada é uma foice.
> Cortada num ângulo agudo,
> ganha o gume afiado da foice
> que a corta em foice, em dar-se mútuo.
>
> Menino, o gume de uma cana
> cortou-me ao quase de cegar-me,
> e uma cicatriz, que não guardo,
> soube dentro de mim guarda-se.
>
> A cicatriz não tenho mais;
> o inoculado, tenho ainda;
> nunca soube se o inoculado
> (então) é vírus ou vacina. (EF 9)

O inoculado, em sua ambivalência entre ser vírus ou vacina, nos remete ao princípio de transferência de qualidades, que há muito vem funcionando na poesia de João Cabral. De certas coisas a voz narradora retira propriedades — secura, luminosidade, agudeza, para

---

4. O termo é de Luis Costa Lima. **Lira e Antilira: Mário, Drummond, Cabral** (Rio de Janeiro: Civilização Brasileira, 1968).

mencionar apenas algumas — que depois tornam-se preceitos estéticos que vão nortear a própria poesia e mesmo o tipo de recepção que se sugere ao leitor. Temos aqui, no entanto uma transformação de importância fundamental. As relações entre voz narradora-objeto (e por implicação poeta-poesia e poesia-leitor) não mais se apresentam como guiadas pela razão. Originam-se, ao contrário, num contato infantil, pré-racional, de forças que se transmitem com violência. E o contágio não cessa com o efeito que surte no menino de engenho, pois possivelmente continuará a transmitir-se como vírus. O que era aprendizado e imitação consciente, faz-se contágio involuntário. Ao contrário da pedra, a cana não educa um aluno atento, mas o atinge com seu corte. Se pensamos nas relações entre voz narradora e objeto anteriormente estabelecidas na obra de Cabral, podemos inferir que o inoculado da cana será ao mesmo tempo vírus e vacina. O vírus continua o processo de contágio, transmitindo um gume cortante ao poema e ao leitor. A vacina defensiva imuniza a voz narradora contra novos cortes, estabelecendo a atitude defensiva de quem nem se mostra nem se dá de maneira aberta e direta.

O golpe violento com que o objeto atinge o *eu* não se repete explicitamente na maior parte dos poemas. Muitas vezes a voz narradora observa de maneira objetiva a atividade que ocorre entre objetos antropomorfisados. No poema título, o alíseo aprende o corte das folhas laminadas de coqueiros e canaviais, e transforma suas mãos "antes redondas e fêmeas":

> O coqueiro e a cana lhe ensinam,
> sem pedra-mó, mas faca a faca,
> como voar o Agreste e o Sertão:
> mão cortante e desembainhada. (EF 35)

Como em coletâneas anteriores, as coisas ensinam e falam ("A voz do coqueiral"; "Prosa da maré na Jaqueira"), lutam entre si ou agridem o homem, se juntam em abraço ou violência sexual. A personificação continua a ser figura predominante. A atividade do mundo material oscila freqüentemente entre dois pólos: o deixar-se, dar-se, em união aprazível, e um fechar-se ou agredir-se hostil, o primeiro muitas vezes associado com o feminino e o segundo com o masculino. A voz narradora, quer se designe ou não na primeira pessoa, ocupa quatro posições principais em relação às coisas animadas: atua como observador, como aluno, como fruidor implícito ("quem visita tal casa / não só passeia nela / geralmente se casa / com ela ou se amanceba". (EF 39). Por fim, numa atitude nova nesta coletânea, a voz narradora recebe das coisas um contágio, marca involuntária. Em "Descrição de Pernambuco como um trampolim" repete-se a metáfora da cicatriz interna, marca que deixa a agressão do objeto em quem o freqüentou:

> Mas essa prancha marca,
> qual gado que se ferra,
> em qualquer um que a salte,
> cicatriz que arde, interna). (EF 26)

Com estas duas últimas coletâneas Cabral continua então a encontrar maneiras novas de conjugar a voz narradora, a palavra, e a coisa para apresentar um mundo exterior profundamente permeado de afetividade, tanto positiva quanto negativa. Ao correr da obra, sua poesia oferece soluções renovadas para o problema que em *Os Três Mal-Amados* colocou-se como o de dizer "meu Estado e a minha cidade": "essas coisas que eu desesperava por não saber falar delas em verso" (370-71). O último poema de *Escola das Facas* confirma a primazia do objeto que fere para desferir a poesia:

AUTOCRÍTICA

> Só duas coisas conseguiram
> (des)feri-lo até a poesia:
> o Pernambuco de onde veio
> e o aonde foi, a Andaluzia.
> Um, o vacinou do falar rico
> e deu-lhe a outra, fêmea e viva,
> desafio demente: em verso
> dar a ver Sertão e Sevilha. (EF 93)

Sertão e Andaluzia representam mundos materiais diversos — o seco e o fértil — assim como as atitudes que evocam estes ambientes. A terra sofrida e inóspita do Sertão demonstra e suscita a hostilidade, a cólera, e a distância, mas também a atração pela disciplina ascética e o desafio de construir com substâncias intratáveis. A Andaluzia convida à fruição, ao prazer de deixar-se levar e conter por um mundo hospitaleiro, mas também o temor à dissolução e à perda da individuali-

214

dade. O Sertão e a Andaluzia (que também levam outros nomes) simbolizam ainda duas maneiras de dizer. Se o Sertão "o vacinou do falar rico", ensinando-lhe, como indica outro poema, "a lixa do Sertão, do que faz em pedra e seco" (EF 47) e o "gosto do esqueleto" (EF 48), a Andaluzia representa o úmido e o feminino de um falar que não nega a subjetividade. O sotaque Andaluzia, o mais das vezes temido e desprezado por ser vulnerável ao descontrole e ao fácil, sempre retorna indiretamente para animar a petrificação sertaneja, estabelecendo assim a dialética entre o "fazer o seco" e "fazer o úmido" que permanece vigente em toda a poesia de João Cabral. Para apreciar a intensidade do "desafio demente" que leva o poeta a dar a ver Sertão e Andaluzia, esta leitura da obra de João Cabral procurou acompanhar não somente a sua busca da construção lúcida mas também trazer à tona e definir as tensões e lutas de contrários em que se funda esta poesia.

COLEÇÃO DEBATES

1. *A Personagem de Ficção*, Antonio Candido e outros.
2. *Informação, Linguagem, Comunicação*, Décio Pignatari.
3. *Balanço da Bossa e Outras Bossas*, Augusto de Campos.
4. *Obra Aberta*, Umberto Eco.
5. *Sexo e Temperamento*, Margaret Mead.
6. *Fim do Povo Judeu?*, Georges Friedmann.
7. *Texto/Contexto*, Anatol Rosenfeld.
8. *O Sentido e a Máscara*, Gerd A. Borheim.
9. *Problemas da Física Moderna*, W. Heisenberg, E. Schödinger, M. Born e P. Auger.
10. *Distúrbios Emocionais e Anti-Semitismo*, N. W. Ackermann e M. Jahoda.
11. *Barroco Mineiro*, Lourival Gomes Machado.
12. *Kafka: Pró e Contra*, Günther Anders.
13. *Nova História e Novo Mundo*, Frédéric Mauro.
14. *As Estruturas Narrativas*, Tzvetan Todorov.
15. *Sociologia do Esporte*, Georges Magnane.

16. *A Arte no Horizonte do Provável*, Haroldo de Campos.
17. *O Dorso do Tigre*, Benedito Nunes.
18. *Quadro da Arquitetura no Brasil*, Nestor G. Reis Filho.
19. *Apocalípticos e Integrados*, Umberto Eco.
20. *Babel & Antibabel*, Paulo Rónai.
21. *Planejamento no Brasil*, Betty Mindlin Lafer.
22. *Lingüística. Poética. Cinema*, Roman Jakobson.
23. *LSD*, John Cashman.
24. *Crítica e Verdade*, Roland Barthes.
25. *Raça e Ciência I*, Juan Comas e outros.
26. *Shazam!*, Álvaro de Moya.
27. *Artes Plásticas na Semana de 22*, Aracy Amaral.
28. *História e Ideologia*, Francisco Iglésias.
29. *Peru: da Oligarquia Econômica à Militar*, A. Pedroso d'Horta.
30. *Pequena Estética*, Max Bense.
31. *O Socialismo Utópico*, Martin Buber.
32. *A Tragédia Grega*, Albin Lesky.
33. *Filosofia em Nova Chave*, Susanne K. Langer.
34. *Tradição, Ciência do Povo*, Luís da Câmara Cascudo.
35. *O Lúdico e as Projeções do Mundo Barroco*, Affonso Ávila.
36. *Sartre*, Gerd A. Borheim.
37. *Planejamento Urbano*, Le Corbusier.
38. *A Religião e o Surgimento do Capitalismo*, R. H. Tawney.
39. *A Poética de Maiakóvski*, Boris Schnaiderman.
40. *O Visível e o Invisível*, M. Merleau-Ponty.
41. *A Multidão Solitária*, David Reisman.
42. *Maiakóvski e o Teatro de Vanguarda*, A. M. Ripellino.
43. *A Grande Esperança do Século XX*, J. Fourastié.
44. *Contracomunicação*, Décio Pignatari.
45. *Unissexo*, Charles F. Winick.
46. *A Arte de Agora, Agora*, Herbert Read.
47. *Bauhaus: Novarquitetura*, Walter Gropius.
48. *Signos em Rotação*, Octavio Paz.
49. *A Escritura e a Diferença*, Jacques Derrida.
50. *Linguagem e Mito*, Ernst Cassirer.
51. *As Formas do Falso*, Walnice N. Galvão.
52. *Mito e Realidade*, Mircea Eliade.
53. *O Trabalho em Migalhas*, Georges Friedmann.
54. *A Significação no Cinema*, Christian Metz.
55. *A Música Hoje*, Pierre Boulez.
56. *Raça e Ciência II*, L. C. Dunn e outros.
57. *Figuras*, Gérard Genette.
58. *Rumos de uma Cultura Tecnológica*, Abraham Moles.
59. *A Linguagem do Espaço e do Tempo*, Hugh M. Lacey.
60. *Formalismo e Futurismo*, Krystyna Pomorska.
61. *O Crisântemo e a Espada*, Ruth Benedict.
62. *Estética e História*, Bernard Berenson.
63. *Morada Paulista*, Luís Saia.
64. *Entre o Passado e o Futuro*, Hannah Arendt.
65. *Política Científica*, Heitor G. de Souza, Darcy F. de Almeida e Carlos Costa Ribeiro.
66. *A Noite da Madrinha*, Sérgio Miceli.

67. *1822: Dimensões*, Carlos Guilherme Mota e outros.
68. *O Kitsch*, Abraham Moles.
69. *Estética e Filosofia*, Mikel Dufrenne.
70. *O Sistema dos Objetos*, Jean Baudrillard.
71. *A Arte na Era da Máquina*, Maxwell Fry.
72. *Teoria e Realidade*, Mario Bunge.
73. *A Nova Arte*, Gregory Battcock.
74. *O Cartaz*, Abraham Moles.
75. *A Prova de Gödel*, Ernest Nagel e James R. Newman.
76. *Psiquiatria e Antipsiquiatria*, David Cooper.
77. *A Caminho da Cidade*, Eunice Ribeiro Durhan.
78. *O Escorpião Encalacrado*, Davi Arrigucci Júnior.
79. *O Caminho Crítico*, Northrop Frye.
80. *Economia Colonial*, J. R. Amaral Lapa.
81. *Falência da Crítica*, Leyla Perrone Moisés.
82. *Lazer e Cultura Popular*, Joffre Dumazedier.
83. *Os Signos e a Crítica*, Cesare Segre.
84. *Introdução à Semanálise*, Julia Kristeva.
85. *Crises da República*, Hannah Arendt.
86. *Fórmula e Fábula*, Wili Bolle.
87. *Saída, Voz e Lealdade*, Albert Hirschman.
88. *Repensando a Antropologia*, E. R. Leach.
89. *Fenomenologia e Estruturalismo*, Andrea Bonomi.
90. *Limites do Crescimento*, Donella H. Meadows e outros (Clube de Roma).
91. *Manicômios, Prisões e Conventos*, Erving Goffman.
92. *Maneirismo: O Mundo como Labirinto*, Gustav R. Hocke.
93. *Semiótica e Literatura*, Décio Pignatari.
94. *Cozinhas, etc.*, Carlos A. C. Lemos.
95. *As Religiões dos Oprimidos*, Vittorio Lanternari.
96. *Os Três Estabelecimentos Humanos*, Le Corbusier.
97. *As Palavras sob as Palavras*, Jean Starobinski.
98. *Introdução à Literatura Fantástica*, Tzvetan Todorov.
99. *Significado nas Artes Visuais*, Erwin Panofsky.
100. *Vila Rica*, Sylvio de Vasconcellos.
101. *Tributação Indireta nas Economias em Desenvolvimento*, J. F. Due.
102. *Metáfora e Montagem*, Modesto Carone.
103. *Repertório*, Michel Butor.
104. *Valise de Cronópio*, Julio Cortázar.
105. *A Metáfora Crítica*, João Alexandre Barbosa.
106. *Mundo, Homem, Arte em Crise*, Mário Pedrosa.
107. *Ensaios Críticos e Filosóficos*, Ramón Xirau.
108. *Do Brasil à América*, Frédéric Mauro.
109. *O Jazz, do Rag ao Rock*, Joachim E. Berendt.
110. *Etc. . ., Etc. . . (Um Livro 100% Brasileiro)*, Blaise Cendrars.
111. *Território da Arquitetura*, Vittorio Gregotti.
112. *A Crise Mundial da Educação*, Philip H. Coombs.
113. *Teoria e Projeto na Primeira Era da Máquina*, Reyner Banham.
114. *O Substantivo e o Adjetivo*, Jorge Wilheim.
115. *A Estrutura das Revoluções Científicas*, Thomas S. Kuhn.
116. *A Bela Época do Cinema Brasileiro*, Vicente de Paula Araújo.

117. *Crise Regional e Planejamento*, Amélia Cohn.
118. *O Sistema Político Brasileiro*, Celso Lafer.
119. *Êxtase Religioso*, I. Lewis.
120. *Pureza e Perigo*, Mary Douglas.
121. *História, Corpo do Tempo*, José Honório Rodrigues.
122. *Escrito sobre um Corpo*, Severo Sarduy.
123. *Linguagem e Cinema*, Christian Metz.
124. *O Discurso Engenhoso*, Antonio José Saraiva.
125. *Psicanalisar*, Serge Leclaire.
126. *Magistrados e Feiticeiros na França do Século XVII*, R. Mandrou.
127. *O Teatro e sua Realidade*, Bernard Dort.
128. *A Cabala e seu Simbolismo*, Gershom G. Scholem.
129. *Sintaxe e Semântica na Gramática Transformacional*, A. Bonomi e G. Usberti.
130. *Conjunções e Disjunções*, Octavio Paz.
131. *Escritos sobre a História*, Fernand Braudel.
132. *Escritos*, Jacques Lacan.
133. *De Anita ao Museu*, Paulo Mendes de Almeida.
134. *A Operação do Texto*, Haroldo de Campos.
135. *Arquitetura, Industrialização e Desenvolvimento*, Paulo J. V. Bruna.
136. *Poesia-Experiência*, Mário Faustino.
137. *Os Novos Realistas*, Pierre Restany.
138. *Semiologia do Teatro*, J. Guinsburg e J. Teixeira Coelho Netto.
139. *Arte-Educação no Brasil*, Ana Mae T. B. Barbosa.
140. *Borges: Uma Poética da Leitura*, Emir Rodríguez Monegal.
141. *O Fim de uma Tradição*, Robert W. Shirley.
142. *Sétima Arte: Um Culto Moderno*, Ismail Xavier.
143. *A Estética do Objetivo*, Aldo Tagliaferri.
144. *A Construção do Sentido na Arquitetura*, J. Teixeira Coelho Netto.
145. *A Gramática do Decameron*, Tzvetan Todorov.
146. *Escravidão, Reforma e Imperialismo*, R. Graham.
147. *História do Surrealismo*, M. Nadeau.
148. *Poder e Legitimidade*, José Eduardo Faria.
149. *Práxis do Cinema*, Noel Burch.
150. *As Estruturas e o Tempo*, Cesare Segre.
151. *A Poética do Silêncio*, Modesto Carone.
152. *Planejamento e Bem-Estar Social*, Henrique Rattner.
153. *Teatro Moderno*, Anatol Rosenfeld.
154. *Desenvolvimento e Construção Nacional*, S. H. Eisenstadt.
155. *Uma Literatura nos Trópicos*, Silviano Santiago.
156. *Cobra de Vidro*, Sérgio Buarque de Holanda.
157. *Testando o Leviathan*, Antonia Fernanda Pacca de Almeida Wright.
158. *Do Diálogo e do Dialógico*, Martin Buber.
159. *Ensaios Lingüísticos*, Louis Hjelmslev.
160. *O Realismo Maravilhoso*, Irlemar Chiampi.
161. *Tentativas de Mitologia*, Sérgio Buarque de Holanda.
162. *Semiótica Russa*, Boris Schnaiderman.
163. *Salões, Circos e Cinema de São Paulo*, Vicente de Paula Araújo.
164. *Sociologia Empírica do Lazer*, Joffre Dumazedier.
165. *Física e Filosofia*, Mario Bunge.
166. *O Teatro Ontem e Hoje*, Célia Berrettini.

167. *O Futurismo Italiano*, Org. Aurora Fornoni Bernardini.
168. *Semiótica, Informação e Comunicação*, J. Teixeira Coelho Netto.
169. *Lacan: Operadores da Leitura*, Americo Vallejo.
170. *Dos Murais de Portinari aos Espaços de Brasília*, Mário Pedrosa.
171. *O Lírico e o Trágico em Leopardi*, Helena Parente Cunha.
172. *A Criança e a FEBEM*, Marlene Guirado.
173. *Arquitetura Italiana em São Paulo*, Anita Salmoni e E. Debenedetti.
174. *Feitura das Artes*, José Neistein.
175. *Oficina: Do Teatro ao Te-Ato*, Armando Sérgio da Silva.
176. *Conversas com Igor Stravinsky*, Robert Craft.
177. *Arte como Medida*, Sheila Leirner.
178. *Nzinga*, Roy Glasgow.
179. *O Mito e o Herói no Moderno Teatro Brasileiro*, Anatol Rosenfeld.
180. *A Industrialização do Algodão na Cidade de São Paulo*, Maria Regina de M. Ciparrone Mello.

Impresso por:
Bandeirante S.A. Gráfica e Editora
São Bernardo do Campo — SP.